想一想——動一動

舞動在山海間的懸念

運動與精神分析

盧志彬・單瑜・黃世明・崔秀倩

著

目　錄 CONTENTS

精神分析與運動的二三事

楊明敏

精神科醫師

巴黎第七大學精神分析博士

國際精神分析學會（IPA）精神分析師

不喜歡與喜歡運動的根源

「對運動毫無興趣的人，也許他們記得在學校時被迫參加比賽，或者毫無選擇地必須參與體育課程，在炎熱的日曬下，在滯悶的體育館中，在不安的水面下，必須要讓拙劣的肢體移動搖擺著，或者不斷地出汗，或者體內感到不適，又或者焦慮地被對手壓制著，運動對他們而言，不但不吸引，而且深感厭惡。」2017年來台講演的英國分析師麥可貝爾利（Michael Brearley），曾經擔任過英格蘭的板球隊長，在《運動的根源》（The Roots of Sport）中表達了上述的意見。

但是相反地，也許有更多的人酷愛運動，每個小孩不都必然有肢體運動的經驗嗎？移動了頭部、用手去抓、用四肢爬行等等，避開了令他不快的環境，或者得到他想獲得的東西，這些經驗時時刻刻，發生在日常生活以及成長經驗當中。逐漸地，我們坐直身體、走路、跳耀、舞動、觸摸、捕抓、踢踏，甚至進一步用現成的，或者發明的簡單的工具，一只竿子、一段絲線，觸及、固定或者移開某些障礙，又或者綁住、牽制微小的生物，乃至較大的動物等等，進而自認為是環境的主宰者，也許對

運動的喜愛，源自於這些給我們滿足經驗的活動。

這些經驗構成了自體（self）的一部分，隨著身體與心理的成熟，我們按著意圖、計畫，有步驟、有節律地進行肢體的活動；當別人、他者進入我們的生活領域當中，競爭、愉悅、恐懼等混合的感覺油然而生，驅策當事者心想：我跑得比你快、爬得比你高、我可以將你壓制於地等等，有種攻擊性加強了愉快的感覺。

四具身體的演練

這些探究，也許有助於說明台灣近年來各型各類的對身體的鍛鍊、雕塑、保養的活動，環繞與充塞在日常生活周遭的現象。分析學會內熱衷於這類活動的幾位成員，根據這些現象各抒己見，完成了「精神分析與運動」的這本小冊子。其中所涉及的運動有四種，攀爬莊嚴的高峰，縱身躍入黝黑深藍的汪洋，伸展捲縮軀體的現代舞蹈，以及氣喘呼呼、汗如雨下的長跑。姑且簡稱為上山、下海、舞蹈與慢跑。雖然四者大相逕庭，但不約而同的是對身體的控制、操弄與考驗，且讓我們細看四具身體如何呈現各自與精神分析的關係。

上山

在稀薄的空氣中，透過身體的經驗，呈現了不由自主、腦中浮現的種種念頭。志彬向我們描述攀爬聖母峰基地營的經過，是「基地營」，而不是「峰頂」，這是她一再強調的。這基地營在尼泊爾，海拔5365公尺，氧氣濃度含量大約是海平面的一半，從這裡到巔峰還需要步步為營，適應氧氣濃度的驟減與難以忍受的酷寒，除此之外，各種地勢、地形早在行前就有各種訓練了，冰攀、岩攀以及學會識別地圖等等，身體與頭腦早就要嚴陣以待。

最明顯的身體變化，就是：「頭腦變笨了！根本沒辦法想事情，唯一能專注的是自己，一直很努力地前進跟呼吸，同時為了預防高山症，吃了丹木斯，這種藥物使得人的身體酸化，促使呼吸加速，呼吸的頻率會變得比在平地時更快，呼吸需要更用力，而且有些喘。」

既然這麼危險又痛苦，為何要來攀登呢？在這巔峰之境體驗的痛苦，究竟是為甚麼呢？志彬自問自答，先是引用《聖母峰之死》的看法：「認識到

個人在自然面前的微小與謙卑」，接著她探討精神分析的看法，先後援引佛洛伊德與溫尼考特的見解，「無意識才是真正的精神現實」，日常生活中所接觸的都不是這種「現實」，因此所謂的現實不過是種錯覺。然而溫尼考特則認為「錯覺」是種「創造性的經驗」，使生命更具意義與價值。基於這種想法，她說：「因此，登山可以是一種阻抗，阻抗發掘內心潛意識裡，我不想要知道的東西。另一方面，也許藉由逃到世外桃源，我不用去感覺到我內在的攻擊驅力，我不停地走，我的忿怒可以在其中得到消化，或者得到釋放。當然登山也可以被當作一種創造，使得我的生活更加豐富與有趣味。」因此登山對志彬而言，是一種阻抗與克服阻抗，甚至是消化攻擊驅力與創造的過程。她進一步援引麥克杜格（J.McDougall）對身體與語言的看法，認為身體的語言是無法被言說的，因此這趟攀登之旅對她而言「盡在不言中。」

下海

　　採珠女秀倩的潛水經驗豐富，她立即將海中的情境與分析情境融合與類比：「在潛意識的深洋當中，潛水人員能夠預測與虎頭鯊的遭遇嗎？如何維

持中性浮力讓自己與周圍水域的比重一樣，既不上
升也不下沉，這些是分析場景中遇見困難危險與保
持懸浮注意的實境隱喻。」

　　接著她引用法國導演盧貝松(Luc Besson)的電影
「碧海藍天」(Le Grand Bleu)中的兩位主人翁，馬佑
(Jacques Mayol) 與恩佐(Enzo)兩人情同手足，但是又
藉由潛水彼此競爭。恩佐的背後有個掌控一切的母
親，潛水是為了勝出與得獎，而馬佑的醉心潛水，
則是難以言喻的理由，不是為了競爭，而是一種追
求，童年時的父親因為潛水而亡，在心中刻劃下陰
影與創傷，影片的最終，馬佑離開妻與子，與海豚
前往海洋的深處，是要找尋什麼呢？童年失去或者
沒有父親的經驗，讓兒子從事高危險的運動，重複
施受虐的經驗，展示男子的氣概嗎？秀倩沒有回答
這問題，只是引用了某些分析師的看法，接著，她轉
向海洋的象徵，她舉易普生(H.J. Ibsen)的《海上夫
人》(The Lady from the Sea)為例，內容描述燈塔
員之女在父親身亡後嫁給了與父親年齡相仿的丈
夫，日日凝望著無際的大海，盼望著情人帶離開她
缺少愛的現實困境，潮汐的起伏，月亮的圓缺，海
洋深處的不可知，以及美人魚身體的轉化等等，這
些元素都被濃縮在心裡深處對海洋這個象徵的想像。

循著這個想像，秀倩帶領著讀者來到置身於「汪洋的感覺」（oceanic feeling），這是作家羅曼羅蘭（Roman Roland）與佛洛伊德通信中的一次對談，在這通信中顯示佛洛伊德對於個人與周遭之間的界線的消失，抱持著戒慎甚至有些害怕的成分，這種「感覺」呈現在他對神秘主義與音樂的陌生與隔離，同時也表現在他對原初自戀這主張的曖昧，以及他對「uncanny」這詞彙與感覺的反覆探索。在著墨佛洛伊德探討海洋這實體或心理景象，所呈現的「回返子宮」、「重生」的無意識幻想之後，秀倩再度將不同種類的潛水（自由、休閒、技術潛水）以及精神分析各種情境（這部分，秀倩有意圖指支持、教育、深層的精神分析嗎？）做類比，它們都是在全身投入「未知」的領域，未知的情境被經驗或探索之後，才會知道有更廣闊、黑暗與無窮無盡的未知。

舞蹈

以梅蘭芳劇碼的藝術概念：「無動不舞，有聲必歌」，以及史特拉文斯基（I. Stravinsky）的「春之祭」（The Rite of Spring），超出傳統舞蹈動作的兩則例子，單瑜為讀者探索精神分析與現代舞蹈巨

擎碧娜鮑許（Pina Baush），更為直接的身體深層情感與重複律動的關聯。

　　直接面臨的難題是身體的語言，要如何轉化為文字的表達？簡單說來這個問題是：「如何說一場舞？」碧娜的名言：「我在乎的不是舞者如何跳，而是為何而跳」，古典的舞蹈著重的是如何跳，然而沒有關照「為何跳」這疑問。這問題像是不斷問著「為什麼？為什麼？」的小孩，如果成人依照著問句而回答：「就是這樣，就是那樣」那麼，更重要的問題：「為什麼要問？」就被迴避了。換言之，「為何？」其實影射的是「起源」的問題。

　　精神分析的起源正是歇斯底里症的疑問，這些大多是女性的患者，以她們身體的抽搐、麻痺、癱瘓，各種感官知覺系統與器官的障礙，質疑著以科學主義為中心的男性醫師。單瑜清楚明瞭地為讀者描述佛洛伊德如何從神經學的背景，開展了心理機器的過程，科學的心理學研究、失語症的研究、以及《夢的解析》的第七章，重要的概念是「事物再現」（representation）與字詞再現的主張。

　　經由再現的概念與表達，身體的語言與書寫的語言得以接觸與轉化，但各自仍然是獨立的系統。在佛洛伊德的經驗中，又區分了「現實的神經症」（actual neurosis）與「精神官能症」（psychoneurosis），前者未經心理的再現系統處理，不是精神分析可以處理的對象。如「春之祭」，常常表現在身體與動作上，無以名之的焦慮、恐懼、出神等等狀態。

　　簡短整理佛洛伊德在「發明」精神分析之初的主張；單瑜協助我們了解碧娜鮑許「發明」舞蹈的獨特之處。她主張：「腳步經常從其他地方而來，絕不是來自腿部。我們在動機中找尋動作的源頭，然後我們不斷地做出小舞句，並記住它們。以前我因恐懼和驚慌，而以為問題是由動作開始，現在我直接從問題下手。」舞蹈的確是在身體上開展，但是「起源」不在身體。在訪談中碧娜表示，她的起源是來自恐懼、需要被愛、需要有別人，在舞碼「穆勒咖啡館」（café Müller)中她的迷離、跌撞、猶疑與消失，在在表現著我們可以從嬰兒的身上看到的，但在我們身上卻早已消失的一切，以及隨之而來的惋惜。

　　接著單瑜指出佛洛伊德對於身體的主張，並非只在分析的早期，在《圖騰與禁忌》當中，有許多的儀式與規矩，行為動作就是思考，結尾處，他是這麼主張的：「一切的肇始，源自行動」（Im Anfang war die Tat, In the beginning was the Deed）在相互穿插著「起源」對碧娜鮑許與佛洛伊德的主張之後，行為、動作、運動是如何呈現在臨床上的呢？

　　單瑜舉了兩個例子，其一是妥瑞氏症，症狀的突如其來、怪誕突梯的動作，始終沒有被真正了解過，另一個是他的個案S小姐，在會談當中與治療師沈默的對峙，等待對方開口，這個「運動的起源」，絕對不是舌頭這塊小小肌肉的伸縮捲曲而已，而是對愛與被照顧的等待與渴求。

慢跑

　　思考、語言與動作的關係，是世明所關切的出發點。「智人」之所以雄霸世界，當然不是依靠體能，也可能不是智慧最高，而是語言將他們連結為群體與分工，從而達成他們的目標。但思考與動作之間，對他個人似乎仍然有著某種「不相容」的地方，使得世明展開他的調查。小時候的不擅運動，

以及成年之後脊椎板突出，種種個人的不適與疼痛，使得他進入了身體的訓練的過程當中，從復健到肌力訓練、核心肌群的鍛鍊、「紅繩」維持平衡以至慢跑習慣的養成。這些經驗使得他得到如下的「理論」：運動是一種破壞與傷害，休息才是回復與增強的契機，過多的運動造成了巨大的傷害，如果沒有回復的緩衝，往往有過度補償的反應，過度訓練症候群造成了容易感冒、疲勞，乃至輕微憂鬱的現象，因此運動訓練當中「適度的創傷刺激」，變得格外重要，如同心理治療當中「適度的挫折」，才能在心理世界與現實當中平衡。

從被動的痛苦，到主動地尋求痛苦的過程，除了上述的諍言之外，世明一一介紹各種痛苦的模式：磷化物系統、氧化物系統、乳酸堆積的後果；以及從身體的痛苦與身心痛苦的共同與不同處。以《夢的解析》第七章中，在夢中被燃燒的小孩為例，夢者在精神上有運動，但這種運動的方向是反方向的退行(regression)，從事運動的人是否以身體接近童年時代的精神狀態？然而身心症的病人，滔滔不絕地講自己身體上的不適，卻絕口不提自己。

因此世明很微妙地，假設了擅於運動的人，鍛

鍊自己的身體，在想像當中有個更好的、完善的自己在終點處等待著自己，是一種對自體的照顧（care of self）與自戀，持續對抗著時間與童年的失落，急切與過度的運動，則是對這種自戀回返的缺乏耐心與過於急切，如果這假設成立，那麼，他一直狐疑的「想」與「動」之間的不可相容，也就經由這則書寫以及持續的、得法的慢跑與運動，得到了一些補償，而非毫不相容。

精神分析與運動的古典文獻

上述四位作者，深入淺出地描繪分析各種運動與精神分析的關聯。以下兩節，稍微補足未曾議論的部分。

最先對「精神分析與運動」提出個人見解的是德國分析師海倫朵伊琪(H. Deutsch)的《對運動心理學的貢獻》[1]，文中明白的表示以運動的方式來「發洩」、「昇華」心中的種種情結，並非新鮮的事，這是運動心理學的根本狀態。她的一位個案也不例外，這位個案心中非常的焦慮與憂鬱，嚴重到性功能失常，以致在職業生涯與社交關係中採取了非常

1.Deutsch, H. (1926). A Contribution to the Psychology of Sport. Int. J. Psycho-Anal., 7:223-227.也可參考M. Klein, 1923, Infant Analysis.

孤立隔離的狀況，但在日常生活中卻有明顯的差異，他不放棄任何一個機會，努力積極的參與各種體育與運動，以昇華或補償心中自卑乃至對閹割的畏懼。雖然這情形司空見慣，但是對運動心理可以有貢獻之處在於，個案異常清楚地呈現了這過程。他自幼時屢屢出現相同的夢境，而且持續到成年，夢中充滿了異常焦慮的情緒，總是有個圓形的物體：一只球、一個圓柱、一個氣球、一隻形狀接近圓形的鳥，或者一朵緩緩飄過的雲狀物，在他頭頂上方盤旋，充滿著威脅的氣氛，一但降臨到他頭上，他便會被摧毀。這些物體過於接近時，他便會從夢中驚醒。回顧這種焦慮的來源，可以推溯到四歲時第一次的出現，並非在夢中，而是他白天獨處在黑暗或密室時，便會出現，他驚恐地注意著是否會有「一隻手」從黑暗中出現。那時他也開始有自慰的情形，並且有施虐/受虐的幻想，仔細回想，那隻手應該是屬於他父親的，企圖對他懲罰，換言之，這種焦慮是種被處罰、閹割的焦慮。

隨著治療的開展，個案才又透露大約八歲時，這種焦慮變成一種恐懼，恐懼的對象不再是那隻手，而是當時他所玩的球類，或者是任何他目擊別人正在戲耍、比賽的球。這恐懼有時使他不敢出門，害怕

在外面會被這球擊中他的頭部，成爲致命的一擊，或者倖存，但也成爲白癡了。這種恐懼後來發展成爲「懼曠症」。明顯地，畏懼的手被畏懼的球取代了（Deutsch簡短的說明了這取代的過程，與目睹父親和母親的性器官有關），但「懼曠症」持續不久後便自動消失，取而代之的是短暫的廣泛性焦慮，以及一些輕微的強迫性症狀。不久之後，個案開始醉心於各種運動，先是球類，專注於足球之後又轉移到網球，接著對許多運動都有興趣。在進行球類比賽時的緊張，個案認爲與自己平日的緊張害怕相當類似，不同處在於平日畏懼時，他採取的方式是逃之夭夭，然而在比賽時則是迎向前去，掌握情境，將他畏懼的感覺投射到外界，球類比賽不同於令他痛苦的精神官能症，它將焦慮轉變爲真實的對象、真實的比賽情境與真實的對手，將焦慮轉變爲愉快，將精神官能症中的「閹割焦慮」轉變爲比賽當中「正當的焦慮」。

依海倫朵伊琪的看法，任何運動中的危險，任何自然界當中的高山與海洋的威脅，在運動比賽中則是來自於對手。這種體育活動到底是昇華或者是反向作用？其實很難區分，保存自我的驅力與性驅力兩者似乎不是那麼衝突，自我感到源源不絕的力量，一種自戀的、需要被看見的慾望得到相當的滿

足。自我不再承受來自內心其他部分的焦慮，而專注處理與外界之間的焦慮，使得自我得以駕馭外界的客體，讓自我再度彰顯自己沒有被威脅，甚至表現得很傑出的自戀。換言之，運動的社會價值，在於自我協調地將具攻擊性的場域，移置與投射到外界，在自戀的滿足中，認為自己不再受閹割與死亡的威脅，而將內心的焦慮投射到外界具體對象，似乎就是運動心理學的主旨。

與這種古典觀點相較下，本書的四篇文章，都顯示了更為精緻的思慮，最大的不同是，運動不只被認為是攻擊性的投射，而有著鍛鍊與技巧的磨練過程，更大的不同是，身體與環境的重要性被突顯了，而這點在海倫朵伊琪的分析觀點下則是付諸闕如的，這個不同也顯示了，在精神分析的歷史發展中，身體的重要性逐漸提升。運動者不僅是將無意識中的衝突給予「行動化」（古典的看法），但也常常將身體的鍛鍊與操演推到極致，挑戰著「痛苦的極限」，對客體的性愉悅讓位給只侷限於自己的愉悅（auto-erotic），佛洛伊德將自我與原我的關係，比喻為騎士與馬匹的關係，但在運動當中，騎士似乎逐漸成為馬匹的奴隸[2]。

2. 見S. Freud, 1923, The Ego and the Id

有關運動的人類學研究

暫時將精神分析擱置一旁，人類學與社會學對人類社會中的運動現象，很早就有系統的研究了。法國人類學者菲利浦狄柯拉（Philippe Descola），克紹箕裘毛斯（M.Mauss）、約翰胡辛佳(J.Huizinga)、羅傑卡伊華(R. Caillois)等人，對身體、遊戲、儀式與運動的研究，從而奠立他對於人對自然與文化、人類與非人類分野的相對（relative）理論[3]。

透過身體，而非語言，來傳遞所知、技巧的現象，一直是他在田野調查的主題。長期在亞馬遜地區與亞蘇雅人（Achuar, 1940年以前仍然隔離於西方文明之外）一起生活的經驗，他觀察到，在狩獵的過程中，往往都是中年男性的收穫最多，而非更為年輕有力又迅速的世代，似乎有種知識要透過身體與長期的時間才能獲得。

遊戲透過肢體性(physicality)而交流互動，在這地區成年人很早就給小孩玩具，他們會給五六歲的小男生以竹筒做成的槍管，佐以其他木質物件做成

---

3. Philippe Descola, *Cultures*, 2011, Le Pommier.

的活塞，配合用黏土做成的彈丸，彈射青蛙或其他
小動物，及至年長，有了多年遊戲或者技巧熟練的
經驗，便可以配戴更精巧大型的竹筒槍，此外還要
學習潛伏的技術，逐漸演變成狩獵的參與，但從擁
有這小武器到離成年人眞實的狩獵，需要一大段成
長與學習以及等待的過程，因爲長達三公尺的成人
竹筒槍，還不是十幾歲的男孩所能駕馭的。在「萬
有靈論」（animisme）的部族當中，狩獵的過程不
只是要獵殺獵物，在獵殺之前還要能感同身受
（empathy），知道動物如何藏匿閃躲，才能尋獲獵
物。

　　相對於「萬有靈論」的部族，有些民族則稱爲
「本體類比論者」（ontologies analogistes），流行於
中亞、中國與非洲某些地區。所謂本體類比的觀念，
是指縱然萬物的表象不同，但卻有著相同的基本構
成，例如一盤棋弈、一幅繪畫或者一段垂釣的場
景，都象徵人世間或世外有對應的場景、事件，福
柯（M. Foucault）稱這種看法與世界觀爲「世界的散
文」（La prose du Monde）[4]。

---

4. *Les Mots et les Choses, une archéologie des sciences humaines*, Gallimard, 1966.

　　無論是「萬有靈論」，或者「本體類比論」，在遊戲上附加了規矩，逐漸演變為儀式、狩獵，乃至戰爭。但與當代的遊戲、運動相比，最大的不同是，這些文化當中並沒有要突顯個人，或者哪個群體勝過對方。即使嚴峻如戰爭，也是非常嚴格節制按規則地進行，稍有偏差，使得一方會壓過對方時，便會中斷，更不要說是要殲滅對方的完勝。這種行為的過程，並不注重哪個國家或者是屬於誰的勝負，而是要這些遊戲、儀式、運動、戰爭的行為能夠完成。

　　在墨西哥的阿茲提克後裔（Aztéques）有種儀式以非常困難的球類遊戲（嚴格的規則像是運動競賽）方式來進行，參與儀式（遊戲）者以臀部腰部推進或阻擋一只很硬的球，讓這球穿過一個掛在高處的石環，這顆球代表了太陽，參與者與其說是重視贏過對方，還不如說是重視相互合作讓這過程延續，當地人稱為「烏拉瑪」（Ulama），這儀式遊戲已延續三千年，在哥倫布登上新大陸之前早已存在，也是時下足球賽的前身。在這些文明當中，儀式、遊戲與運動之間的分別與關聯，實在難以界定，似乎順理成章的混雜為一體，兩組人馬你來我往在肢體上的運動，其實是對天體星辰的生生不息地轉動的模仿與獻上的敬意。

　　運動中的個人主義與殘酷的競爭，則是在南美受西班牙人入侵之後才有的，是爭相仿效「神聖」外來者，以及內心極度的恐懼使然，即便是個人主義在歐洲的盛行，也是十七世紀之後，經由霍布斯（T.Hobbes）、洛克（J.Locke）等人的主張，認為身體是我們人類的財產，身體是個人獲得自由的神聖場所，有了這些概念為基礎，個人主義才興起的。但在其他文明內著重的不一定是個人，而是所屬的團體、祖先，乃至居住的環境（非人）。

　　雖然菲利浦狄柯拉曾住過南美的大城，而且足球是南美風行的運動，但他對以國家為單位，以英雄為明星，以大量金錢收益為主的運動，並不感興趣。他在英國念寄宿學校時盛行英國板球（Briquet），但身為少數的法籍人士，他則偏愛橄欖球（Rugby）。他認為運動與遊戲之間的共同處，在於要嚴格遵守既定的規則，但運動當中有遊戲所沒有的美感經驗，並不專指肢體的美感，而是指在橄欖球賽當中，運動員的堆疊中鑽出，然後又突破層層的阻礙，這種身體的移動、障礙的克服以及最後的達陣，完全不是事先能預料的，是一種驚喜、是一種美感經驗，與我們看畫時，端詳畫面，而能體會畫家為何以及如何畫的感動與同情共理（empathy）是如出一轍的。

　　人類學者菲利浦狄柯拉指出，運動不但是個人心與身的關係，更是一群身體與另一群身體、與另一種非人（物種或環境）之間的關係，這些論題是分析學會這幾篇文章中有討論到（例如聖母峰與海洋、咖啡館），但未深入的部份，例如是個人要征服聖母峰，還是聖母峰允許個人登峰的完成呢？在碧海當中的潛水者如果比沙丁魚群還要多呢？以及競爭、比賽、運動觀賞者與參與者之間的關係等等，都是值得對焦，然後以分析觀點來思考的對象。但這期望當然是一種苛求，一年一度精神分析與各領域對話的工作坊，針對台灣社會所炙熱討論的現象，進行主題的選擇時，當然無法窮究任何一個主題，因此更是無法窮盡「運動」這個偌大的現象，但是這本小書，若能喚起大家對周遭頻頻出現的現象，以精神分析的觀點來檢視，而因此能增加一分見解與心得，那麼這工作坊的目的便告完成了。延續著這旨趣，「瘟疫」與「吃喝」這兩個主題，與精神分析的關係，將是來年的重點。這本書的完成，要特別感謝四位作者之外，也要謝謝單瑜的督促與雅玲的耐心與細心。

INTO THIN AIR

盧志彬

精神科醫師

臺灣精神分析學會會員

　　「運動與精神分析」是我目前生活裡最感興趣，也是做得最多的兩件事。這個研討會規劃了一年，我是在2018年年初某一個會議，無意間提到要去聖母峰基地營健行，楊明敏醫師當時就邀請我來參與這個研討會，彼時覺得非常有趣，但是，答應後就漸漸地後悔了，尤其是開始走這個旅程時，常常冒出來的想法是，我到底要講什麼啊？這件事情跟精神分析有什麼關聯呢？愈想愈後悔！不過再仔細思考一番，漸漸明白：也許運動與精神分析的連結，並不是用大腦去把它擠出來，不是用力把它想出來，因為，這是跟身體有關的事情……

　　我的題目：「Into Thin Air」，其實是一本書的書名，台灣譯為《聖母峰之死》，作者Jon Krakauer是美國的登山冒險家，他在1996年參加了聖母峰登山活動，那一次不幸地發生了聖母峰有商業登山活動以來，最大的山難，總共死了八個人。他將整個參與的過程，親眼所見的，記錄下來成書。這本書引起很大的迴響，也有許多的爭議。但我覺得這本書寫得非常好，不僅把整個登山過程發生的人性糾葛，細膩地刻畫出來，並將為何發生悲劇的可能推測，紀實般精彩地呈現，內容也被拍成了電影。我為什麼要藉用這本書的書名做標題？我想表達的是，

來到一個高海拔的山區，Into Thin Air，呼吸著稀薄的空氣，困難地喘息的過程，對身體產生的衝擊，以及腦中不由自主浮現的種種念頭。

大家對登山一定都不陌生，基本上就是從山腳下把自己帶到山頂，差別在於這座山是小山或是大山。要把自己帶上山去，體能是最根本的，肺活量要足夠，肌肉也要達到一定程度才可以。接著考量的是技術，因為登山牽涉到不同的地形地貌，上坡、下坡該怎麼走，要如何調整自己的呼吸，而遇到比較陡峭的地形，可能要利用繩索，因此也要訓練繩索的技術。某一些地形，譬如斷崖，非常危險，就要特別訓練；特殊地形，需要特殊技術，例如攀岩的技術，還有在雪地行走，就要穿冰爪、用冰斧，也可能有冰攀。又或者要經過溪流，就需要溯溪訓練等等，這些都是非常專門的技術。除了這些技術，另有一個很重要的能力一定要學，就是會看地圖。我們到山裡去，不管是小山或大山，都要看得懂地圖，才能夠到達我們的目的地，如果迷路就可能發生山難！另外，天氣對整個路程中的安全性影響非常大，所以如何判別天氣也要慢慢學。

　　裝備對登山人來說，也是可以投注很多精神，不斷去研究、深入的一個領域。身上穿的，從帽子到排汗衣、中層衣、外套、雨衣，還有鞋子、襪子、登山杖、手套等等，材質、穿法都可以拿來研究。有時候需要露宿，各式各樣的帳篷、睡袋、睡墊如何選擇？另外有些人就專門研究登山的食物、炊具。所以，「登山」是可以讓自己的興趣，不停擴展的一種運動。

　　登山，可能一天來回，也可能是要縱走好多天才會到達目的地。在台灣，喜歡登山是一件很幸福的事，因為台灣是一個多山的島國，小山大山不計其數。小山譬如七星山、大屯山，大山大家最熟悉的就是玉山。台灣有兩百多座三千公尺以上的高山，能列入百岳的只有一百座，許多登山者都有努力收集百岳的嚮往，由於台灣的高山環境非常豐沛，登山客總有數不完的路線可以探索。這幾年很流行海外登山，譬如五大洲的最高峰，非洲的吉力馬札羅山、歐洲的厄爾布魯士峰，亞洲就是聖母峰。海外登山健行，讓喜歡登山運動的人有機會擴展視野，看到更多不同地形、不同動植物、不同風土民情，所以這些活動越來越興盛。我去的聖母峰基地營健行，也是這些熱門活動中的一項——其實這只是一

種健行，是非常popular而且大眾化的路線，一點都不難，每年有上千人造訪。若要說它的困難之處，大概是在於聖母峰基地營海拔五千多公尺，對一般人而言，會有高山適應的問題。

Thugla pass，越過它之後就進入昆布冰河區了

一個有趣的情況是，大多時候跟人說，我要去聖母峰基地營健行，大家就會說，你要去聖母峰啊？你好厲害！我說，對不起，聖母峰跟聖母峰基地營相差十萬八千里。基地營在5365公尺，而聖母峰是8848公尺，兩者相差甚遠。基地營行程，是從兩千多公尺，健行到五千多公尺，去登聖母峰則是從海拔5365公尺高的基地營，開始做高地訓練，然後慢慢慢慢往上，第一營、第二營、第三營、第四營，

也就是逐步做高地適應，之後最終能從第四營看到好天氣，一鼓作氣登頂聖母峰。從第四營到聖母峰大概走十幾個小時來回。在基地營可看到昆布冰河，這個地方兩年前發生一個大山難，昆布冰河雪崩，當時很多人都在基地營準備登聖母峰，因此不幸被活埋了。一般來說，從基地營到登頂聖母峰，來回大概要一個月的時間。

抵達Namche，下雪了，幫我們一路馱運行李的犛牛

「基地營」到底是什麼？現在登頂聖母峰的路線已經非常固定，從北側上或是從南側上，從北側就是從西藏那邊，從南側就是從尼泊爾這邊。我去的基地營，就是尼泊爾這邊，是攀登聖母峰的起點。

爬八千公尺以上的高山都會有一個基地營，K2峰有K2峰的基地營，安納普納峰有安納普納峰的基地營，這些基地營就是所有登山物資的集中地，雪巴人或馱獸（通常是氂牛）將物資運送到這些地方以幫助登山者做各種登山準備。

我們從加德滿都飛到魯克拉機場，然後逐步往上，最後到達Everest　Base　Camp。第一天，到法克定大約2600多公尺，第二天到南奇巴札，這是昆布地區最大市集，然後到天坡崎，這裡是3867公尺，我們在這裡住兩天做高度適應，之後就到定坡崎，這裡大約4400公尺，再到羅布遮4900公尺，接著到Gorakshep5140公尺，最後再往上走到基地營。

加德滿都機場，滿是要搭機前往Lukla機場的登山客

　　一路往上走，空氣愈來愈稀薄。若海平面是百分之百氧氣，上升至1500公尺的時候，氧氣濃度大概就是海平面的95%，到3500公尺，氧氣濃度大概就只有75%，到5500公尺大概只剩下50%，從這裡可以想像，到達愈高的地方，人會愈缺氧。缺氧，最可怕的結果是致死的高山症。2500公尺以上就開始有人會出現高山症，譬如到我們喜歡的合歡山，有人可能就會出現高山症了，所以有些人會先到清境農場住一個晚上，然後再到合歡山，也就是讓高度慢慢地上升，以減少高山症的發生。2018年九月台灣團去聖母峰基地營的活動，有一個人就因為高山症過世了。還有另外一個人，他不是走基地營，他是在昆布地區不小心掉到河裡也過世了。所以到聖母峰基地營，雖然整個路線沒有什麼特殊地形，非常好走，但到達那樣的高度仍會有危險性。

　　還有一個狀況是我們事先無法想像的。在台灣三千多公尺以上的高山不少，行程前半年，我們一共進行了三次合歡山過夜的高度適應，然而和要到五千多公尺的情況相比，還是有很大的不同，有一個非常重要的挑戰是，五千多公尺高的地方異常寒冷！我們去的時候是二月，二月是尼泊爾的冬天，白天有太陽還不覺得太冷，氣溫大概可以到達五、

六度甚至十度，行進間不會覺得難受，但是到了夜晚，尤其海拔越來越高時，氣溫越來越低，真的是非常非常的寒冷。山屋裡沒有暖氣，待在零下十幾度的冰窖裡，這種「冷」實在難以形容！

每天居住不同山屋，基本上都潔淨明亮

　　我來說說別人的經驗佐證吧──我們走到3400公尺南奇巴札的時候，山屋裡剛好有一隊也是台灣人，他們從基地營回來，我們跟當中有些人聊天，有一位男士說，到了那麼高的地方，那麼冷的環境，

那是一種你難以想像的痛苦！人處在那樣的環境，是一個不曾有過的，難以形容的經驗。

每晚最重要的保暖設備，燒氂牛糞的暖爐

還有一個有趣的事件可以形容到底有多冷！那是我們到4900公尺羅布遮住宿時，難忘的回憶。在高山上，所有的山屋都沒有抽水馬桶，我們要使用自己房間外面的廁所，上完廁所之後，自己要舀放在旁邊水桶裡的水把糞便、尿給沖掉。在羅布遮山屋，白天上廁所時，我注意到櫃子上，放了一支鐵槌，當時很疑惑......半夜起來上廁所時就明白了——

因為當我要舀水時，水桶裡面的水都結冰了，為了要把裡面的水舀起來，得先用鐵鎚把冰面敲破。所以夜半人靜中，會不時聽到碰碰碰的聲音，在寂靜冰冷地走道上迴響著。

在酷寒又極高的山上，有一個很重要的感覺，就是頭腦變笨了！根本沒辦法想事情，唯一能專注的是自己一直很努力地前進跟呼吸，同時為了預防高山症，吃了「丹木斯」，這個藥讓人的身體酸化，促使呼吸加速，呼吸的頻率會變得比在平地時更快，呼吸需要更用力，而且有些喘。

這麼痛苦，為什麼還要來到這個巔峰之境呢？

登高山到底為了什麼？幫《聖母峰之死》這本書寫序的人寫了一段話，他說：「進入稀薄的空氣之中，一點一點地調和、適應高山症，像在尋求跟這個巔峰之境的頻道一致，慢慢學會在稀薄空氣中吐納、前行，然後會感受到清明、澄澈、開闊、釋然，而那絕對是來自對大自然，對稀薄空氣的臣服與謙卑。」絕對是的！來到那個環境，真的是感覺到自己無比渺小，對於大自然只有讚嘆，自我只有謙卑。或許每個人做這件事情，追求的目的並不相

同，而我是一種逃離人世間繁雜紛擾的心境，要在
高山中尋找心靈的純淨，因為每天工作，聽病人講
各式各樣的煩惱……真想不要再聽了，不要跟人有那
麼多複雜的糾葛，那就到山上吧！但也有人是想要
在這個運動中證明自己，因為爬山非常吃力，氧氣
那麼稀薄，消耗的能量那麼大，能夠到達基地營，
會感覺到自己完成了一件特別的事情，感覺自己有
點了不起。也有人說，運動促進腦內啡分泌，可以讓
自己開心。佛洛伊德說：「潛意識才是真正的精神現
實（The unconscious is the true psychical reality）。」
我們的意識，為了讓我們不要直接碰觸到潛意識，
總是製造出各式各樣的偽裝，避免去感覺到潛意識
當中，那些被我們抗拒的部份。這麼說起來，是不
是真正地去理解潛意識才是王道？如果我們生活裡
正在做的事情，都是一種對於我們真正所思所感所
願的一種欺騙性的「錯覺」，那麼我們登山是不是
也是在製造一種「錯覺」？從當代的觀點來看，溫
尼考特認為這個「錯覺」不該被視為小說般的被屏
除，意思是，若如佛洛伊德的想法，我們生活裡做
的這些事情，都是我們創造出來，就像小說一樣地
在欺騙我們自己，所以我們必須要去挖掘潛意識裏
的事實才對，但是溫尼考特認為，這個「錯覺」其
實是一種創造性的經驗，它同時也給生命帶來了意

義，使得它更有價值。因此，「登山」可以說是一種阻抗，阻抗發掘內心潛意識裏，我不想要知道的東西。另一方面，也許藉由逃到世外桃源，我不用去感覺到我內在的攻擊驅力，我不停地走，我的憤怒可以在這當中被消化掉，或者被釋放掉。當然「登山」也可以說是一種創造，它讓我的生活更加地豐富、有趣味。

在冰凍大地裡的小徑前行，既壯闊又渺小

　　說歸說，真正來到五千多公尺，實際的狀況是，在這種高度下，腦子不會特別想什麼東西，好像也沒辦法想什麼東西了，就只能讓身體維持在一個像是有正常運作的狀態，肚子餓了，可以吃東西，冷

了要記得穿衣服，痛呢，要知道哪裡不舒服。當然最重要的目的是要讓自己繼續往前走，就是一直移動，然後感覺到呼吸，感覺到呼吸後，又繼續地移動。尤其到了4400公尺以上，唯一能感覺的就是這些機械性的動作，完全無法再去想，運動跟精神分析到底有什麼關係？團隊中的成員愈來愈靜默。回來後整理自己的照片就發現，在3800公尺時還可以拍一大堆，過了4400公尺以後，照片就銳減了，到達4900公尺那天只不過拍了幾張而已，因為需要努力地呼吸，每次背上背包開始行走，一呼吸就會感覺到橫膈膜的疼痛，這可說是行程中身體很深刻的體驗。

Gorakhshep，EBC行程中的最高山屋，海拔5160公尺，很喘了

最後一天住在聖母峰路線上最高的Gorakshep，5100公尺的山屋裡，我覺得這時候，應該是最接近潛意識的時刻吧？或許應該說，是不是接近潛意識，

我不知道，但是那時刻應該是意識最薄弱的時刻吧？
首先，缺氧，腦袋就是不太能動，人變得很笨，然
後，冷冽逼人，走完基地營回來，身體非常疲倦。
那個晚上，我們圍繞在氂牛糞燃燒的爐火邊，一直
擠在那個火爐旁，把所有可以穿的衣服都穿上，但
吃不下東西，可能大家都有一點高山症，很睏倦，
卻又不是真的可以睡著。窩在爐火邊，大家都不講
話，安安靜靜，當時的感覺是，只剩下身體的知覺
了，就讓身體去感受吧，讓身體來發言吧！

身體要說些什麼呢？

　　吳明益的《單車失竊記》裡的一段文字這樣寫
道：「故事總是你無法得知自己是如何從過去來到
現在的此刻而存在，我們一開始往往不懂它們為什
麼在時間磨損下，仍然多眠似地在某些地方存活
著，但在聆聽時，總覺得它們被喚醒後，隨著呼吸
進入你的身體，像針一樣沿著脊椎鑽進你的腦袋，
然後又忽冷忽熱地刺在心上。」厲害的文學家們，
總是非常有天分地描述心理現象。這段文字呼應我
想談的，存在心裡面，遙遠的、已經不知道的、不
會被知道的那些部分，它被喚醒以後，最先傳達的
是身體，它經由身體讓我知道。剛剛談到，當高度

愈來愈高，到了4400公尺以後，頭腦已經不能運轉，只是一直呼吸呼吸，伴隨著疼痛的橫膈膜。那時一個強烈的意念跑到我腦袋裡，原來呼吸困難是這麼的痛苦！我的父親因為生病，已經漸漸失去了吞嚥及呼吸功能，他全身都動不了，只能非常努力地呼吸……當時，我強烈地意識到，原來我的爸爸是這麼困難，這麼痛苦地在呼吸著！下山後，我原本的胃病變得更加地嚴重。

　　我要怎麼詮釋我的身體傳遞給我的訊息呢？精神分析可不可以解讀這些訊息？我認為，精神分析提供了跟其他科學不一樣的，解讀訊息的方式。它要去理解的是，那些被我們意識所不接受的部分，被放在潛意識裡，包括不被接受的慾望、不被接受的想法、不被接受的衝突。經由精神分析，我們可能可以有一種管道去理解這些在潛意識裏的東西，想想它的意義是什麼？因為這些理解，我們得以在心裡找到一個安放它們的位置，很重要的是，這些曾經發生過的，它從來不會消失。在精神分析的想法裡，這些過往發生的，不想被知道的東西，會用一種特別的方式，存在這個人裡面，不管是在心智或是身體裡，它存在的方式很詭異，總是被偽裝，很不容易被看到。精神分析的工作，像是考古，考

古學家要把已經被摧毀且埋葬的東西挖掘出來。分析師的工作，是在比較好的情況下進行，他處理的並非已經被摧毀的東西，而是依然活著的生命。在蘇格拉底的時代，他說，沒有任何情況，我們可以沒有頭而能治療眼睛，沒有身體而能治療頭，沒有靈魂而能治療身體。意思就是說，身體跟靈魂是這麼密切地相連在一起。但到了十九世紀末，各種偉大的發現，使得實證經驗在醫學領域獨占鰲頭，醫學變成要經由實證得到證明，然後形成一個診斷，再經由這些來治療，忽略了那些無法被量化的面向，譬如心理。人們只相信客觀所見的，甚至拒絕去嘗試發現主觀經驗的真實。在那之後，佛洛伊德發現了新的方法，可以靠近靈魂的驅動力，也就是1892年到1898年對「歇斯底里症」的研究，為世界鋪展了新道路，進入病人的主觀世界，並加以理解。拉岡說，人的重要性在於他的主體性，藉由進入這個主體經驗，佛洛伊德開啓了之前完全無門可入的醫療範疇。

簡單說，佛洛伊德認為「歇斯底里症」是那些不被接受的部分被放到潛意識裡，他認為，不被接受的部分，就是關於「性」的想法，「性」的慾望。雖然被放到潛意識裡，仍是想要被表達，所以它就

分裂，想法被潛抑了，能量則變成了症狀。爾後精神分析理論一直進展，有許多理論試圖解碼身心症是怎麼發生的。精神分析對於身心症的理論，可以分成兩大類：第一大類是，身體症狀是心理衝突的產物。如同剛剛講的，佛洛伊德說「歇斯底里症」是因為性的慾望不被意識所接受，產生很大的衝突，因此被潛抑了，而呈現在身體症狀底下的，還有一些潛意識幻想存在。另有一派則認為，身心症是因為病人的心智結構缺乏象徵的功能，也就是病人的心理發生了一些事情，但是它沒有辦法讓這些發生的事情，有一個象徵方式表達，於是它就累積成身體的症狀。

　　關於第一類，身體症狀是心理衝突的產物，這要怎麼思考呢？克萊茵學派認為身體疾病的形成是潛藏其下的潛意識幻想跟心理衝突，而各種心理防衛機轉，也可能造成身體的症狀。心理防衛機轉如分裂、投射性認同，都可能造成身體的症狀。分析師Rosenfeld提到，「投射性認同」不只會把內在不能夠處理的部分丟到外在客體，也可能把它放到自己的身體上，這時候身體就會被稱之為「psychotic island」。克萊茵認為，「幻想」是一種根本的心智活動，它植基於身體，從出生後就展開，因此，克

萊茵學派的「幻想」，比佛洛伊德所認為的更為「全能」，在經驗上，以內臟的感覺以及渴求為主，也就是說，身體從出生以來，各種情緒都會跟自己的內臟有所連結，所以這些潛意識幻想，會牽動內臟的反應。潛意識幻想，從非常原始的，到負載各種象徵意涵的，因此身體疾病也得以用精神分析的方法來處理。

接下來，我以Joyce McDougall分析師提出的概念，解釋第二種身心症理論。她提出「Archaic hysteria」的概念，Archaic是古老之意。她講的歇斯底里症跟佛洛伊德的歇斯底里症不一樣，她認為這些身體症狀所要處理的心理意涵，跟傳統的歇斯底里症表徵關於「性」的那種並不相同。一般來說，傳統歇斯底里症可能是跟「性」比較相關，但是應該也有很多並不是。傳統的歇斯底里症，通常是作為對於情慾渴求的處罰，但是「Archaic hysteria」的概念是說，這個歇斯底里症要處理某一種焦慮，這個焦慮是因為自我主體性被威脅而來的。理想上來說，我們自戀的、攻擊的以及早年的情慾渴求，會在我們的親密關係、專業領域以及社交生活裡，或者所謂的昇華活動裡得到足夠的表達，譬如去登山，就是一個昇華的活動。當我們原始的情緒經驗可以

被充分處理而被潛抑下來，就像剛剛講的，如果我有一個攻擊驅力，去登山以後，這個攻擊就會被表徵出來，雖然我不會真的知道那個攻擊驅力來自於哪裡，但這個攻擊驅力的意涵會被潛抑下來，同時我也做了我喜歡做的事情，如此一來就比較不會出現問題。但有些時候，這些願望太過衝突，譬如說，攻擊驅力或是性的慾望太過強烈，用這樣的偽裝方式已經沒有辦法得到滿足，也就是，這些偽裝方式都沒有辦法滿足這些內在不被允許的部分的時候，它就沒辦法有一個出口得到足夠的表達，這時候就會出現症狀，症狀可能是精神官能症式的，如焦慮、憂鬱，也可能是精神病式的，譬如出現某些幻覺。某種角度來說，有這些症狀其實是好的，因為形成症狀就不是被剝奪的狀態，也就是因為我們心智裡不能表達的東西形成了症狀，而能夠被表達出來，所以這樣子其實還算好。

　　那不好會怎樣呢？那些被排除到意識之外的內容，如果沒有辦法有意義地被表徵出來，這時候心智就出現了被剝奪的狀態，好像一個空洞。意思是，那些東西在那裡，可是它卻沒有辦法被處理，被表徵出來，而這個洞是需要被處理的。這些訊息可能非常原始，所以這個時候的心智功能，可能會

像是嬰兒般的，用身體來反應。嬰兒是什麼樣的狀態呢？因為嬰兒不成熟，能力有限，大腦的發育在一個很原始的狀態，所以他沒辦法使用語言，這個時候心智真正被剝奪的是語言。換言之，我們終其一生，有可能心智會發生語言短路。我們可能在某一種壓力之下，沒有辦法用語言來表徵，那時候我們就會將我們的情緒身體化。McDougall認為，那些沒有辦法被思考的壓力，通常是跟自我存在感相關連的。她的理論跟溫尼考特有點類似：如果嬰兒有一個夠好的媽媽，這個嬰兒可以去內化媽媽，讓她成為嬰兒內在一個可以照顧、安撫的媽媽。如果媽媽不是「good enough mother」，那嬰兒就沒有辦法內化，自我存在感的困難就會出現，而且會用身體的問題來呈現。

溫尼考特說沒有單純嬰兒這件事，只有嬰兒與母親，也就是說嬰兒來到世上，在最初幾個月的時間裡，是需要母親無比的投注來照顧維持，讓這個嬰兒能夠在一種完全沒有感覺到欲望的狀態下成長，他一有慾望，媽媽就回應他，因此嬰兒不會感覺到挫折，也就是沒有慾望，沒有痛苦的狀態。媽媽要努力地護持這個嬰兒，讓嬰兒維持在這個狀態中，慢慢地隨著嬰兒的成長，長到某一個程度時，

媽媽對這個嬰兒的照顧，才一點一點地讓他有一些挫折感。而有一些挫折感是非常重要的，因為有挫折感，嬰兒才會感覺到他者，嬰兒會發現到原來我的需要是媽媽給我的，也因為這樣，他才會內化，感覺到有內外，發現媽媽是另外一個人。更重要的是，這個過程要一點一點慢慢地給，不可一下子突然讓他感覺到，有一個媽媽存在。這是溫尼考特一個重要概念，要慢慢慢慢地讓嬰兒覺得挫折，慢慢慢慢地讓他知道有他者。知道他者很重要，因為知道他者他才會內化媽媽，有了內外以後，他才會形成語言。如果自己跟媽媽是同一個人，那是不需要語言的。然後，慢慢地嬰兒可以知道媽媽是一個獨立的人，而他也是另外一個獨立的人，但是這個人終其一生，都會在跟母親融合以及自我獨立的兩者之間掙扎擺盪，因為當我們跟母親融合的時候，我們會回到一個原始的、被安撫的、被包容的，完全沒有挫折，完全沒有痛苦的那種舒服的感覺裡，但是跟母親融合就沒有自我，所以人總是會在這兩邊擺盪。

如果嬰兒沒有一個夠好的媽媽，無法內化一個可以安撫他、照顧他的母親，他會對於「分離」感到恐懼，也就是，要跟媽媽分開的這個情況，他會

感到非常地可怕。當分離與差異，未被經驗為豐富，並且給予生命意義的時候，它們就會成為威脅並且降低自我的形象，因此，分離跟差異對個體而言，變成了可怕的現實，會讓個體感覺到空虛，因為個體沒有辦法再去維持跟古老母親融為一體的假象。「足夠好的媽媽」可以讓嬰兒內化一個安慰的、舒緩痛苦的母親，也可以幫助嬰兒去區分自我跟與外在世界，發展出語言能力。另一種情況是，分離跟差異會被經驗為摧毀自我感——如果嬰兒太快感覺到現實，例如，突然的分離實在太可怕了，他覺得自己要毀滅了，這個體會深植體內，讓他非常焦慮，長大後，往往需要尋找心理的解決方法來處理。這些問題跟我們日常工作面對的某些病人非常有關連，例如幾種病態，一種可能是呈現「性成癮」，在性上面尋求滿足，希望可以在性方面跟人融為一體，就不會有自我存在感消失的焦慮。也可能出現borderline（邊緣型人格），或者出現自戀型人格，或者是藥癮，不停地使用各種藥物來製造出某些感覺。另外有一種解決的方法，就是心理跟身體產生了分裂，情緒不再跟身體連結，心理的痛苦不再經由語言而被認知，這就是剛剛講的，這樣的病人，沒有辦法發展出語言的表達能力，心裡的痛苦不能用語言來表徵，只能用幻覺或是用身體症狀

來釋放所經歷到的感受，就像嬰兒時期那個樣子。比昂（Bion）的理論提到，那些沒有被處理的情緒經驗，是beta elements，它必須被轉化為alpha elements，因為alpha elements是可以思考的。比昂認為嬰兒內在的beta elements，經由母親這個夠好的涵容者（container），讓嬰兒將這些beta elements轉化成alpha elements，嬰兒於是可以思考。如果嬰兒無法思考，又想要將這些東西排空時，就會變成了身體的症狀。經驗若能被思考，經過轉化，也就是可以用語言來思考，形成象徵的意思，主體就能夠賦予這些經驗主觀上的意義；如果不能這樣被轉化，這些經驗就必須要被排空，排空的管道之一就是形成身體的症狀。身體的症狀可以看作是這個人極力地想要解決自己內在問題的一種呈現，這種方式往往讓人痛苦，也常常難以理解。

　　到底身體要說什麼？不是只有語言，而是有一些無法言說的東西，用身體的症狀來說話。在這個旅程當中，我自己所經驗到的，一些令人困惑的身體訊息，無法言說的部份，也在自己被分析裡，得到了很多的明白，總之，皆是盡在不言中！

無動不舞

單瑜

精神科醫師
台灣大學醫學院醫學士
臺灣精神分析學會會員

　　「無動不舞」這個詞出自清末文人齊如山，他當時曾爲京戲名伶梅蘭芳編寫過許多知名的劇碼，包括後來大家耳熟能詳的梅蘭芳版《霸王別姬》。齊如山爲中國傳統戲曲的藝術概念總結爲八個字：「無動不舞，有聲必歌」。這裡所謂「無動不舞」的意思是，在舞台上演員的每一個動作都是經過精心的安排、設計的，無論是「靜止」或「運動」，都有其意義。正如我們使用「語言」來做爲溝通的工具，語言做爲一種符號系統，當我此刻說出「意義」兩個字，對於聽者而言，當下就可以理解「意義」。身體語言（運動）正如文字語言也可以溝通各種深刻的內容，當它成爲一種藝術形式，就像京戲舞台上的唱念做打，構成了一種有意義的符號系統，動作就成爲「舞蹈」。

春之祭

　　「我想像到一個肅穆的異教祭典：一群長老圍成一圈坐著，看見一位少女被要求跳舞直至死亡。她是他們用以祭祀春天之神的祭品。」作曲家史特拉汶斯基（Igor Stravinsky, 1882-1971）在1910年根據這麼一段幻想的場景創作了芭蕾舞劇《春之祭》。雖然是芭蕾舞劇，但卻可稱爲是最後一部從傳統意

義上進行編舞的作品，內容標誌著極端的戲劇手段
以及超越傳統舞蹈理解的肢體動作。最早的版本是
由尼金斯基（Vaslav Nijinsky, 1890-1950）編舞，舞
蹈內容捨棄了許多優雅、傳統的芭蕾舞姿，整體的
肢體呈現更為原始，情感強烈，舞蹈動作充滿時而
用力跺步、時而扭動身體等更為直接的肢體運動，
舞者身上也穿著相似於美洲原住民的服裝。（圖1）
1913年於當時甫落成的巴黎香榭麗舍劇院演出時，
這齣舞作引發了巨大騷動，躁動的觀眾讓音樂以及
台上的表演幾乎無法完成。自此，這部作品成為二
十世紀廣受討論而且非常重要的一部經典，後續根
據史特拉汶斯基《春之祭》編寫的舞作超過六十幾
個版本。

圖1：《春之祭》首演劇照

春之祭與碧娜鮑許 [1]

創立「烏帕塔舞蹈劇場」的德國編舞家碧娜鮑許（Pina Bausch, 1940-2009）曾在1975年改編《春之祭》，堪稱是傳世的經典之作。這齣舞蹈作品有幾個特色：舞者的舞蹈動作直接而強烈，碧娜版本中的舞者經常要做出「腹部收縮，上半身大幅彎曲，四肢伸展」這類更直接展現肢體、表達情感的動作。相較於尼金斯基版本中舞者的穿著取材自美洲原住民傳統服裝，碧娜版本中的舞者穿著僅能蔽體的簡約布料。舞台則是鋪滿泥土的設計，沒有傳統的木頭地板與舞鞋，幾乎衣不蔽體的舞者在泥土上跳躍奔跑翻滾，舞者的身體沾染汗水與泥土，情緒表達更為強烈。（圖2）

如何「說」舞

無論是尼金斯基版或是碧娜版的《春之祭》都非常精彩，可是若將這些直接觸及視覺感官的舞蹈作品，轉為文字介紹，似乎就相形索然無味。那種

1.碧娜鮑許版本春之祭片段可以參考youtube影片連結，這是德國導演溫德斯紀錄片（2011）的畫面：http://www.youtube.com/watch?
v=J3i7r79dtFo&fbclid=IwAR16a8juHr0SNne2SEqnoxD8Gx2z9wJRMM8WyuZH3hg3cP
RgoQ0TPjQgzhc

情感上直覺的不安與騷動，好像即使花再多文字敘述，也無法像是臨場觀看，或者是點閱影片那般的感受。

圖2：碧娜鮑許版《春之祭》劇照

　　所以要如何將肢體的語言轉變成文字語言呢？或者即使再怎麼努力我們也難以將所有肢體動作以及動作的意義一一用文字表達？碧娜版本的《春之祭》曾在2013年的春天於台北國家戲劇院演出，試想當晚我們看完演出後，朋友詢問這場演出如何，該如何描述？或許可以像上段內容一樣，我們向詢問的朋友詳述過程每個場景的肢體動作、舞台設置、舞者的打扮、舞者在舞台上的運動……等。當然，若是生動一些，我們可以更進一步分享自身的感受：「看了以後我的內心澎湃洶湧」、「隨著音

樂與動作，我整個人幾乎都要坐不住」、「我想到
了小時候在公園泥土上的嬉戲」。如果做了一些功
課，敘述或許會更加豐富，甚至延伸到舞台之外，
包括編舞者的創作背景、舞台設計的象徵意義，甚
至更抽象的關於社會學、人類學、哲學等觀點的引
用。經過這樣絮絮叨叨的說明，我的朋友可能還是
未必能夠理解這齣他沒看過的舞作，我只能說：
「好吧！我盡力了！最好你能自己親身去看。」

　　當然，可以追問，當一個人這樣詳細分享一齣
舞作的感想，到底是希望讓對方了解這一齣舞碼，
還是希望他能了解自己的感受呢？我們在人類溝通
這個更複雜的問題上先暫且打住，回到「我們該如
何說一場舞」的問題。編舞家是比一般人更常面對
這個問題的人，每一個舞作總會有人要求編舞家述
說自己的作品，碧娜鮑許就是經常身受其擾的一個
例子。碧娜鮑許大多數是拒絕這類訪問的，所以現
今雖然她留下了許多舞蹈作品，但並沒有太多關於
舞作的文字說明。很多時候採訪者希望聚焦在舞作，
但卻發現很快被帶到了日常生活，像是最近帶小孩
的經驗這類話題上去。關於舞蹈，碧娜鮑許所談不
多，但留下了一句名言：「我在乎的不是舞者如何
跳，而是為何而跳」。相比於古典舞蹈在訓練的過

程，非常講究的肢體細節，無論是跳躍、旋轉這類「如何跳」的技巧，碧娜鮑許的創作似乎指向了更具內在意義探索的「為何而跳」。

然而，探問「為什麼」向來是人類生命的大哉問，就像是孩子對於父母親各種好奇的詢問，每個問題都幾乎要直指人類起源的核心。如果我們探究根源的「為什麼」，那麼探究原始部落的活動，關於人類文明起源、種系發展的根源幾乎是所有問題的解答，「解答」通常神祕難解，但又令人著迷。或許就像是發想於創作者對於古老祭典想像的《春之祭》那樣令人著迷，甚至也是後世的創作者仍不斷以此題材持續創作的原因。

不可否認的，「舞動」與「觀看」對於我們而言，有著比文字閱讀更強烈而直接的感受。「為何而跳」是我們嘗試探究本質重要的出發點。十九世紀的歐洲有一種疾病被稱作「歇斯底里」，吸引著當時的神經學家、醫師關注，希望能夠研究出為何有一群女人會像那樣子發作。而後來對於歇斯底里的關注，嘗試了解這些「動作」背後的意義，成為近代精神分析的發軔之始。

精神分析的起源——歇斯底里

歇斯底里在19世紀的歐洲是相當被重視的疾病，一般是指女性發作癲癇、震顫、抽動、痙攣……等肢體症狀。（圖3）「歇斯底里」這個詞源於希臘文hystera，意指子宮，當時認為這種疾病是因為女性子宮擾動，經血遊走或倒錯造成的。

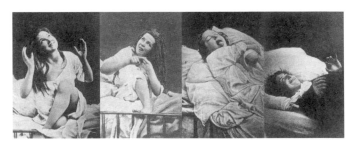

圖3：夏考時代觀察紀錄的歇斯底里女性，發表在《Iconographie photographique de la Salpêtrière》（1887）

當時歇斯底里的研究重鎮在法國巴黎硝石醫院（Salpêtrière），夏考醫師（Jean-Martin Charcot, 1825-1893）是最重要的研究者之一，他的研究致力於神經症的症狀呈現與分類，透過催眠的手段讓歇斯底里病人的症狀表現，並且以此達到治療的效果。（圖4）

From Iconographie
Photographique de la Salpêtriére
2ⁿᵈ stage, included the "arc-en-cercle"

From Les Demoniaques dans L'Art
(1ˢᵗ stage, epileptic periode)

圖4：夏考時代對於歇斯底里發作的圖示

　　但對於法國的神經症研究者而言，這類歇斯底里或是現今所稱的轉化症並不對應於醫學的神經學定位，使用催眠的手段讓症狀出現或消失的結果難以預測，無法達到一個確切有效的治療。佛洛伊德在1885年時前往法國巴黎的硝石醫院向夏考學習，返國後執業一直都關注著這類歇斯底里的病人。佛洛伊德第一部關於歇斯底里的專著在1895年發表，《論歇斯底里》是由佛洛伊德和醫師布洛伊爾（Josef Breuer, 1842-1925）以他們十年間的臨床經驗共同寫成的一本著作。《論歇斯底里》一書詳述了關於歇斯底里的症狀、疾病的理論與機轉以及治療方式，內容包括了布洛伊爾的個案安娜O以及四個佛洛伊德的個案。對於疾病的理論，佛洛伊德提出經由他的臨床經驗發現，歇斯底里病人藉由述說的方式，

回憶起童年的創傷回憶，並且帶有創傷時的強烈情感，症狀就能消失[2]。不同於過去的治療以暗示或催眠爲主，佛洛伊德讓患者自由說出心裡所想的內容，以語言的方式宣洩表達。在精神分析的開端，佛洛伊德時代的醫師關注的疾病是歇斯底里，而這類的病人透過身體/肢體的方式呈現他們的症狀，這些症狀無法找到確切的神經學病因，但是透過催眠與暗示，可以讓患者的症狀表現，甚至可以達到治療的效果。佛洛伊德進一步把這樣的治療聚焦到以文字/語言的方式，在帶有情感的前提下，講述回憶過往已不復記憶的童年創傷，可以一一將症狀消除，自此精神分析從身體/生理的範疇進入心理的世界。

　　現在我們一般對於所謂「心理」、「心理學」等字詞習以爲常，往往很單純地認定情緒的困擾背後一定有其「心理的」因素，但是鼓勵把話講出來或是能夠講出什麼內容其實並不是那麼地理所當然。就像是關於舞蹈的例子，無論我們要求編舞家、舞者，或者是觀眾，把心裡所想的講出來，嘗試理解所謂的「爲何而跳舞」並不是那麼容易的事。

---

2. 在1895年《論歇斯底里》出版前，佛洛伊德和布洛伊爾合著的《論歇斯底里現象的心理機制》（On the Psychical Mechanism of Hysterical Phenomena）在1893年已經先行出版，內容詳述了歇斯底里的心理機制。

回顧精神分析早期關注歇斯底里病患的歷史，以及
透過「言說」的方式了解症狀/動作背後意義的過
程，我們可以發現其中相似之處。

從身體的到心理的

　　延續歇斯底里症的研究發展，佛洛伊德早期文
章很重要的一部份在努力解決「神經學」的問題。
當時佛洛伊德對於神經學的理解主要是以「經濟學」
式能量的概念為主，設想身體的知覺接受了某些刺
激，經過運作，能量會再透過運動宣洩出去。這樣
的概念在《夢的解析》第七章闡述心靈機器（圖5）

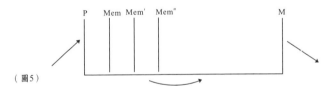

（圖5）

的概念有詳盡敘述。一個刺激被知覺神經元接收，
最簡單的結果便是反射動作，例如在強光之下眼睛
瞇了起來。刺激的能量由知覺神經流轉到運動神
經，過程中有部分的傳導在無意識管轄的記憶系統
中留下了永久痕跡，如果這些傳導路徑上的神經元
經過刺激，為了尋求發洩降低緊張感，透過某種審
查的程序，能量會進入意識，並且在運動神經端的
洩載中得到宣洩。

　　雖然在《論歇斯底里》中佛洛伊德看似已經將歇斯底里的病因轉向爲「心理的」層面，但在這個時期佛洛伊德仍然嘗試透過「神經學」的概念來建構「心理學」的理論。其中從身體轉換心理的介面至今也是難解的問題：如何連結頭腦（brain）與心智（mind）間的轉換。《夢的解析》介紹的心靈機器圖像或許透過神經能量經濟學式流動的想像，可以將看似不同的兩種系統搭上連結。佛洛伊德未發表的《科學的心理學計劃》（Project for a Scientific Psychology）[3] 依照神經學、解剖學的原理，建立了心理能量流程模式（圖6），把人的心靈劃分成由 Φ、Ψ 及 ω 三種神經元組成的整體。這三種神經元各司其責，Φ 神經元主管知覺，Ψ 神經元專司記憶及其它主要心理活動，ω 神經元則是心理活動的剎車器，由它來決定現實環境中是否有足夠條件，讓 Φ 神經元進行放洩（快感）活動。

　　這個心理結構的雛形在《夢的解析》發表之前是佛洛伊德對於心靈運作的設想，包括知覺端接受刺激後的能量流動與無意識記憶形成的機制。這份

3.1895年9月初，佛洛伊德在參加柏林學術會議後返回維也納的火車上，開始構思一個複雜的心靈理論嘗試把心理與生理層面連結起來。10月8日寫就百餘頁，並立刻寄給他的醫師好友弗理斯（Wilhelm Fliess）閱讀，後來未正式發表。

《科學的心理學計劃》並未正式發表，佛洛伊德的
手稿與後來寄給佛利斯的信件內容也有修改更動，
其中一個重要問題是神經能量流動的「量」，與信
息情報的「質」之間的轉換，在手稿中，佛洛伊德
設想ω神經元為可以通過的神經元，負責篩選「質」
的信息，而在信件中卻修改為ω神經元為不易滲透的
神經元，關於信息的「質」則由Ψ神經元來處理。

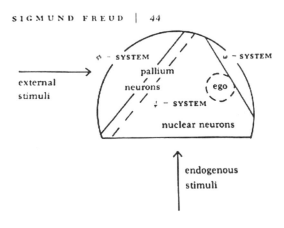

圖6：Richard Wollheim根據《科學心理學大綱》三種神經元
　　　系統所繪製的簡圖

　　藉由「量」與「質」的概念及其轉換，我們可
以類比於「身體的」與「心理的」介面的概念。簡
單的例子是當我們感受到了一種接觸的觸覺，這是
一種「量」，但接受的觸覺是「痛的」或是「舒服

的」則是一種「質」的概念。當我們爲身體的感受以及肢體行動賦予意義，就產生了「量」與「質」間轉換的工作。意義的生成與其間質量之間的轉換，涉及無意識與意識運作的重要內涵。

話語 ? 失語 ?

1891年佛洛伊德發表了文章《論失語症》（On Aphasia,1891）。當時歐洲的神經學界盛行「腦區定位」的概念，也就是在大腦個別不同的區塊分別掌控不同的功能，最有名的例子，就是將腦部管理語言的區域分爲布羅卡區（Broca area）掌管語言的處理與話語產生，以及韋尼克區（Wernicke area）內含有聽覺與視覺的語言中樞，主要功能用來理解話語的意義。如果布羅卡區受損，會造成表達性失語症，病患將無法說話，或無法正常使用字詞；而韋尼克區受損，病患會有感覺型失語症，聽得到聲音卻無法理解字詞的意義。佛洛伊德發表《論失語症》主要反駁上述當時主流的腦部定位學觀點，他認爲腦部對於語言系統的處理應該是腦部皮質接受來自神經傳遞的各種訊息包括聽覺、視覺、觸覺......等，在大腦皮質投射後彼此連結（association），進而成爲一套系統。佛洛伊德主張「語言區域」是大腦皮

質上一個連續的區域，其中語言功能所仰賴各個神
經元的連結、傳遞，複雜程度超出目前所能理解，
但這之間的「連結」所構成的系統可以說明文字語
言傳遞與表達的意義。他提出字詞表徵（word-
presentation）與事物表徵（thing-presentation）的概
念（圖7），佛洛伊德的理論透過「連結」，在圖示
中宛如節點的神經元彼此將外在接受的訊息，包括
聽覺、視覺、觸覺……等接合起來構成了一個系統
（事物表徵），而另一個系統（字詞表徵）則是表
意的符號系統包含書寫的意象、動作的意象、聲音
的意象等連結構成。兩個系統間彼此連結，而非單
向傳導，意義的再現則是透過兩個系統間的交接來
完成。對於佛洛伊德而言，重要的是之間的連結
（association）。因此，若是字詞表徵內連結發生斷
裂，是語言失語症（verbal aphasia）；字詞表徵與
事物表徵無法連結是無法表意失語症（asymbolic
aphasia）；無法從外在現實接受訊息構成事物表徵
則是不可知失語症（agnostic aphasia）。佛洛伊德後
期仍持續使用字詞表徵與事物表徵的概念說明意識
與無意識的運作。[4]

4.1915年《論無意識》一文，佛洛伊德寫道：「意識的表徵包含事物的表徵與字詞表
徵，無意識的表徵僅只是事物的表徵」。

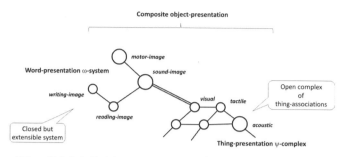

圖7： 事物的表徵（thing-presentation）與字詞的表徵（word-presentation）示意圖

　　《論失語症》在1891年發表，當時佛洛伊德已經開始私人執業並且治療歇斯底里病患，而《論歇斯底里》則要待1895年佛洛伊德才與布洛伊爾正式共同發表。即使症狀學上並沒有和歇斯底里個案明顯的關聯，所謂的「心理學」與「心理創傷」這樣的概念在當時也還未被正式揭露，但我們可以看到在《論失語症》中佛洛伊德深入地處理心靈運作中意義的形成與語言符號的問題，相比於傳統神經學專注於腦部定位的概念，佛洛伊德拓展了一條類似於「符號學」心理學脈絡。符號系統間的連結與轉換透過這樣的概念深化了以話語、字詞對病患產生影響與治療效果的理論基礎。甚而，我們可以注意到在《論失語症》中，佛洛伊德提到的「語言」的概念，他將語言分類為自然語言、姿勢/身體語言、情緒語言與人為的語言。雖然後續並沒有太多關於

身體語言的敘述，討論歇斯底里病患的症狀時，「身體的動作」仍然視為症狀，需要透過言說、記憶的回復，才能達到治療的效果。但我們觀察編舞者、舞蹈家，他們「有意識地」將肢體動作編排為舞蹈，肢體動作的確可以傳達意義，而且在許多時刻，動作的表達比起話語更為直接，讓人感受強烈，尤其在許多話語無法表達的意義未明的時刻。碧娜鮑許提問「為何而跳」，我們可以理解舞蹈在當下就已經「說」了更多。透過閱讀與練習言說，我們學習了解語言文字的操作，但對於「舞蹈」這個符號系統我們所知還遠遠不夠，需要更多的努力了解。

「焦慮」的身體

「現實型神經症」（Actual neurosis, 也譯作『當下精神官能症』）一詞最早出現於佛洛伊德1898年的著作[5]，用來指稱焦慮型神經症與神經衰弱。當時佛洛伊德提出這樣的概念，主要用來指涉發作時間上的「當下」，其刺激的來源、引發障礙的因素是屬於身體範疇而非精神的，意義上對立於當時的精

---

5. 《神經症病因中之性》（1898）

神官能症（psychoneurosis）。「現實型神經症」症狀形成的機制是身體性的，刺激直接轉變爲焦慮，而非象徵性的。「現實」一詞也表示這類症狀，缺乏某種出現於精神官能症症狀的中介，例如移置、凝縮等具有象徵意義的表現。就當時佛洛伊德的看法，「現實型神經症」並不屬於精神分析的範圍，因爲其症狀並不源自於可以被釐清的「意義」。從這裡我們可以注意到佛洛伊德早期對於「焦慮」的看法以及關於「身體化」症狀的態度。其實在現今醫療場景中，仍經常可以看到這類的病人，病人來診的主訴是各類身體症狀，包括心悸、手抖、喘氣……等，即使完成各類身體檢查並無異常，病人持續著身體抱怨，但卻無法更進一步訴說有意義的內容。目前的疾病分類，「現實型神經症」有逐漸消失的傾向，除「慮病症」（hypochondriasis）以外，無論現實因素具有何種催化的作用，人們經常還是可以發現更早期衝突的象徵表現。但這個源自於佛洛伊德早期的說法，仍是開啓了一個重要的概念：某些「現實的症狀」主要屬於現實的範疇，這樣的概念可以直接導向現代概念中的身心症。但是關於這類具有時間上即時意義發作的症狀，例如現在大家耳熟能詳的恐慌發作，一個人突如其來的心悸、氣喘、手抖，甚至是要死掉了的感覺，這樣的「動作」到

底有否意義，或者是否爲一種能被講述的「意義」，似乎離我們能夠使用語言文字釐清還有好大一段距離。就像《春之祭》舞蹈中那些被認爲更原始的強烈身體震顫、抖動、跺步，即使無法言說，也爲觀看者帶來了直覺動人的感受。但有時窮盡症狀的根源仍無法追溯其記憶的源頭，佛洛伊德的弟子蘭克（Otto Rank, 1884-1939）提出了「生之創傷」（the trauma of birth）的概念：嬰兒從子宮出生到外在世界經歷巨大的變化，從母親分離的經驗引起嬰兒嚴重的焦慮，而這種焦慮之後可能表現爲焦慮型神經症，並且持續至成人時期。如果焦慮是連語言/記憶都還不存在的時候就留下的，那也難怪我們無法再喚起與之相關的語言或文字的記憶，「動作」或許是理解這類「原始記憶」唯一的方式。

關於碧娜鮑許

「腳步經常從其他地方而來，絕不是來自腿部。我們在動機中找尋動作的源頭，然後我們不斷地做出小舞句，並且記住它們。以前我因恐懼和驚慌，而以爲問題是由動作開始，現在我直接從問題下手[6]。」這是出自於碧娜鮑許接受芭蕾雜誌的訪談。

6.《碧娜‧鮑許：舞蹈‧劇場‧新美學》（2007，遠流出版）

從「爲何而跳」出發，而不是傳統舞蹈的「如何跳」，碧娜的舞作深入了肢體/動作的「意義」。碧娜排舞的過程經常是透過向舞者「發問」的形式完成，在當時，這樣的排舞工作程序是創舉，也成爲碧娜鮑許舞團後來獨特的方式，自此，舞蹈工作不僅只在身體的過程中進行，也需要經由腦來實現。

碧娜鮑許出生自一間餐館，她回憶自己的童年，父母親總是在餐館裡忙進忙出，而她作爲一個餐館的女孩，經常很孤單、無聊，有的時候就只是一個人坐在餐館裡的桌子下待到晚上十二點多還沒睡覺。當她五歲多第一次被帶到兒童芭蕾舞劇團，跟著老師的指示趴著，把雙腿放在頭上，老師驚嘆地說：「這女孩眞是個蛇人呀！」碧娜鮑許開始了她的舞蹈生涯。「我在表演時經常很恐懼」、「我雖然經常很恐懼，奇怪的是我卻非常喜歡去做」，「恐懼」透過碧娜鮑許口中講述，經常成爲一般人理解她作品的關鍵字，可惜的是，我們無法得到更多碧娜鮑許對於「恐懼」一詞的說明，或許我們可以理解爲佛洛伊德時代，嘗試貫穿心理與身體的內在能量「驅力」（libido, drive），但或許對一個舞者而言，追尋「恐懼」的過程就是最好的回答。

　　從一個躲在餐館裡餐桌底下的孤單小女孩，到開始學習舞蹈，長大後，與其他人連結以及其中展現的內心巨大張力，是我們始終可以在碧娜鮑許舞作中看到的。在談及自己與舞者們的工作，碧娜這樣說：「想望被愛，這一定是個動力。假如我是獨自一人，也許情況便有所不同。然而這一直跟他人有關[7]。」1978年碧娜鮑許開始編排她個人著名的代表作《穆勒咖啡館》[8]，在其中六個角色，她為自己保留了一個角色，另一個角色則保留給她的舞台設計師與生活伴侶羅夫玻濟克（Rolf Borzik, 1944-1980）。碧納鮑許年輕時與玻濟克相識，碧娜鮑許早期的舞蹈作品都是由玻濟克進行舞台設計。在《穆勒咖啡館》中舞台設置是佈滿深色桌椅的咖啡館空間，舞台深處有一道昏暗燈光映著旋轉玻璃門，舞者們從門裡出現，在這個雜亂充滿緊張感的空間裡奔跑、衝撞，或是無力地漫步宛如夢遊。在碧娜的舞蹈段落，同為舞台角色的玻濟克將四處散落傾倒的桌椅劈哩啪啦地清開，像是在自己創建的座椅迷宮中，為女主角開闢道路，而碧娜以夢遊般，

---

7. 《碧娜‧鮑許：舞蹈‧劇場‧新美學》（2007, 遠流出版）
8. 碧娜鮑許親自演出的《穆勒咖啡館》，影像可以參考網址： https://www.youtube.com/watch？v=WZd2SkydIXA

耽於夢想的姿態，摸索著踽踽獨行，最後在舞台的後方消失不見。夢遊般行走在自己小時候熟悉的餐館裡，有人貼心地把散落四處的桌椅清開，深怕打擾了這個屬於自我的私密夢境時光，玻濟克之於碧娜鮑許的意義不言可喻。由於碧娜不太多談自己的私人生活，關於兩人的事情沒有更多的資訊，但玻濟克1980年因為白血病過世後，碧娜與另個對象羅納凱（Ronald Kay）生下的孩子就取名作羅夫索羅門。

　　無論是《春之祭》還是《穆勒咖啡館》，碧娜舞作中高張力的肢體動作讓我們感覺到強烈的情感，強烈的情感透露著個人深切記憶。就觀賞者而言，這些肢體與舞蹈動作是有「意義的」，不僅僅是屬於舞者個人的記憶，並且也巧妙連結觀看者個人的情感與童年回憶。就此，觀賞舞蹈的經驗與精神分析透過「語言」的操作試圖回憶的經驗，有著相似之處。碧娜鮑許的舞作編排經常是透過「發問」的形式構成，她曾經這樣說道：「在排練中，我想找出『你們在嬰兒或孩子身上所看見的事物，並為已被你們遺忘的一切感到惋惜』。」

身體的溝通與感染力

　　佛洛伊德晚年寫了《圖騰與禁忌》，並且幾乎創造了一個關於人類起源的部落神話。或許並沒有太多真確的民族學案例可以完美佐證佛洛伊德對於種系起源的假說，但這種追溯民族誌的人類學書寫，把「伊底帕斯情結」推向人類文明起源的深處，從遠古時期透過儀式與禁忌一路傳承下來，同時，這也突顯了人類心理現象中，根源難以言說的神祕性。傳統部落的儀式活動經常有其「運動」的成分，近代《春之祭》舞作中表現的並非純然新式的表演或舞蹈，其中被認爲更原始的肢體擺動，包括跺步、扭動與晃動，都讓我們聯想到原始部落的祭儀，更遑論其搭配強烈節奏感的音樂與服飾裝扮。在這類的「儀式」中，我們往往能夠更直接地感受到「肢體動作」的感染力，尤其是當我們參與其中，也隨之一同擺動起舞。「運動」一詞英文可以譯作movement，也可以翻譯作action，甚至可以翻譯作campaign。「運動」在中文的想像，除了很個人化的肢體動作，其實還有一個聯想是一種更大規模、群眾的，具有廣泛影響力的活動。從遠古的儀式到後來的嘉年華，以及現代人熟悉的職業運動，保留了這種令人振奮，具有凝聚群眾情緒的活動形

式 [9]。運動可以是舞蹈，是競賽，是表演，對於運動員與觀賞者，它有著更直接的感染力。雖然這類活動總是讓我們聯想到遠古部落儀式，但透過當代的舞蹈藝術家的呈現，那些神祕難明其義的動作，其間與我們個人記憶的連結就細細地被爬梳挖掘，像是歇斯底里病人各種動作背後的記憶殘跡，透過語言慢慢重新回憶，乃至於得到疏通。

　　妥瑞氏症（Tourette Syndrome）是近代越來越受關注的一種疾病，它的定名差不多是在十九世紀末歇斯底里症盛行的時期。這個疾病的患者經常會不受自主控制地發出清喉嚨的聲音或是聳肩、搖頭晃腦等動作。症狀經常發生於學齡前至青春期，通常是由父母帶著孩童前來就醫。由於患者本身並非故意或是習慣性做出這些動作，所以可以注意到大多數這類孩子本身其實並不明瞭這類不自主運動的意義，甚至是不覺得困擾。反倒是焦急的父母親，急於想要知道動作的原因，以及急切地想改善孩童的不自主動作。似乎妥瑞氏症的不自主抽動並不影響孩童本身，而是透過某種形式影響了孩子的照顧者，他的父母親。精神科醫師面對這樣的父母，經

9.《嘉年華的誕生》（2015，左岸文化出版）一書回顧了從人類文明古老的祭儀到政治集會、搖滾演唱會、舞會，以及近代職業運動，關於狂歡與嘉年華形式的發展與變遷。

常必須回答的並不是不自主運動對於孩子的意義，
而是之於他父母親的意義。

「運動」有著更為直接傳達與溝通的效果，往
往更勝於語言文字。我們通常有這樣的經驗：如果
觀賞者能夠放開身體參與，會有更強烈直接的情感
交流，像是傳統儀式中的群舞，或是嘉年華會中彼
此舞動身體的群眾，或者是現代運動場上的觀眾。
碧娜鮑許的舞作《康乃馨》[10] 結尾就由舞者帶領全場
觀眾一起依次做出春夏秋冬的動作，並繞行舞台。當
表演接近尾聲時，所有的觀眾都站起來一起做相同
的動作，那種經驗難以言喻，這是舞蹈劇場中最美
妙的時刻。

一個案例分享

S小姐在進行治療一段時間後，突然在治療室裡
向我要求：「每次都是我先開口說，很不公平，這
次由你先開始。」

「這是什麼意思呢？」不禁在我的腦中浮出了
這樣的問號。「不公平」指的是我作為一個治療師

---

10. 碧娜鮑許《康乃馨》尾聲「四季」的舞段可以參考網址： https://reurl.cc/yOqvO

和她是處在一種她認爲不平等的地位嗎？怎麼樣才算是在治療師與病人之間的公平呢？又或者她期待著一場在我們之間的「更公平的競爭」？在她想像裡，我們的競爭關係又是怎麼一回事？還是，在她經過一段時間講述了好些關於她自己故事後，禁不住對我的好奇，她試探性地希望我能透露更多關於我自己的事？而她希望我能說更多自己的事，實際上是一種對我表達好感的方式？我開始在心裡醞釀著各種可能性，甚至於幾個之前的治療片段也在此刻一一浮現在我的心頭，包括那些之於我可能還有些複雜的，她曾對我說過的身世。我們之間沒有任何話語，只有靜靜的空調吹送的聲音，直到巨大的沉默在之間緩慢成形。我沒有吐露任何在我腦海中浮現的吉光片羽，更沒有使用尋常的話語想試著打破沉默：「是什麼事情把妳卡住了嗎？」、「妳想到了什麼，是嗎？」只是任由沉默逐漸放大，直到她禁不住打破沉默，然後說了些後來我也幾乎完全記不得的事。

她在下一回會面時遲到，我一個人坐在治療室裡等待了30分鐘後她才進門來。在那等待的30分鐘裡，不禁讓我延續起上一回會面的沉默。尤其是這回她讓我一個人待在小房間裡獨自面對。我的腦海

裡迴盪著那個像是謎語一般，較量誰忍不住先開口
的較勁遊戲以及沉默可能帶來的啟示。入門後她在
位子上不停地抖動，面部表情糾結。歷時半年左右
的治療，S小姐經常都是以這樣沒有任何話語而僅有
肢體抖動的方式度過。最初來診的主訴也是以焦慮，
以及包括手抖、胸悶等恐慌發作的症狀而開始治療
工作，這類的情況在治療過程中反覆發生，往往只
有焦慮、不安、震顫、抖動……沒有任何的說明。這
次是我先開口：「妳準備好了就可以開始」，橫亙
在我們之間的仍然是巨大的沉默，顯而易見表現在
她臉上的情緒以及她微微顫動的雙手，似乎讓我們
可以對眼前的沉默視而不見。即使如此，我們卻無
法忽視現實時間流動的必然性。於是在治療時間剩
下不到3分鐘的時候，我只好簡單地為沉默以及對我
而言眼前還有些複雜而莫名的情緒下個簡單註解：
「感覺得出來，妳有很多的想法，但此刻要把它說
出來，對妳而言似乎是有困難的。」就這樣結束了
只有兩句話的會談。

　　精神分析是話語的工作，但沉默的片刻卻可能
帶來治療工作上的重大啟發。有的時候，在病人不
語的時刻甚至會讓我想起許多連我自己都不甚明瞭
的印象。沉默且身體不住抖動的S小姐在經過一回合

的沉默後，下回準時地進來治療室。所幸她有回來
治療室，所以我們之間的故事還得以繼續發展下去。
那天，她對我破口大罵，抱怨我的無能、無用以及
我對她的治療毫無幫助。我想起了她那個自小陌生
又無語的父親，覺得自己此刻和他好像沒有兩樣。
我不確定那個縮在沙發上抖動不語的女孩是不是回
到了小時候面對父親無能安慰自己的時刻。但是，
依憑著這個想像，我們的工作又再繼續進行下去。

結語

　　S小姐的案例顯示在話語靜止的時刻，仍有繼續
治療工作的可能性。或許我們很難「說」得更多，
但在某些沒有話語的靜默時刻，許多內容仍然透過
其他非話語的形式達到理解與溝通。但對於習慣於
使用語言文字的精神分析而言，「動作」的意義與
如何操作還有許多尚待釐清的。本文以畢娜鮑許的
創作經驗為例，從深究「為何而跳」出發，回顧畢
娜本人的成長經驗以及舞作，「舞蹈」確實能夠言
之有物。遠古部落的祭儀以更貼近原始經驗的舞蹈
訴說人類的情感；佛洛伊德時代的研究者從歇斯底
里病患的肢體動作出發，追尋動作語彙背後的意義
以及那些被遺忘的記憶。對於現代人而言，「跳

舞」以及「觀賞舞蹈」或許不單單僅只是「身體
的」，它能為我們帶來更多深入「心理的」甚至無
意識內涵的啟發。

「想」與「動」

從精神分析角度思考話語在運動訓練中的角色

黃世明

心身美診所精神科主治醫師

臺灣精神分析學會監事

法國巴黎第七大學「精神分析研究」學院碩士

　　大家有沒有想過，人類再怎麼努力訓練，在草原上可能跑得比豹快嗎？很難吧！人類沒有辦法跑得比豹、獅子快，但爲什麼可以完全地統治這個世界？時至今日卻變成人類不管到什麼地方，對那個地方就是一場災難！歷史或地質學上的研究發現，智人（Homo sapiens），也就是我們現在這種人類，只要出現的時候，那個地方的古生物就大量地銳減——人類第一次到美洲、到澳洲都是這樣。

人類爲何雄霸世界

　　19世紀末、20世紀初，考古學家在法國西南部挖掘出克羅馬儂人的遺骸，根據研究，他們是「智人」的另一支人種。他們的身材比我們高大，200公分以上，肌肉比我們強壯，牙齒也很有力，奇怪的是，推算時間，我們這種人類跟克羅馬儂人的存在，有段時期是重疊的。克羅馬儂人先出現，後來就不見了。有一本書叫《人類大歷史》，是一位以色列學者寫的，他提出一個主張，對於人類之所以能夠稱霸這個世界，非常重要的一件事是，只有我們這種人類會講話。人類開始講話，其中一個功能就是「講八卦」，比如一群，大概50到150個人之間的群體集結在一起，開始有語言的時候，講的大概就是

誰跟誰怎麼樣、誰跟誰怎麼樣......原始民族，可能會聊誰跟誰上床、誰在懷恨誰......等等。前面提到，人類再怎樣做肌力訓練，其實也沒辦法贏過其他更大的野獸，以前的人類什麼都沒有，赤手空拳，大概只能撿撿石頭當武器，聰明一點的，會把它磨尖，但這樣就能夠敵得過獅子的利爪嗎？也許人類很聰明，遇到野獸會找洞穴躲起來，可是一直躲在洞穴，也沒得吃啊！人類是怎樣跟野獸對峙，又能取得勝利的呢？

某一個夏天，氣溫大概33度左右，我帶著我們家的狗去跑步，我想，狗很厲害啊，可以跑得很快啊！那時我剛好在練習馬拉松，跑得很慢，差不多是散步的速度。跑跑跑，20分鐘後，狗就趴下來休息，我對牠說：「你也會累嗎？」然後40分鐘，牠又停下來休息......牠不是趴下來，牠是整個倒下來，一直喘氣一直喘氣，我嚇死了，想說牠怎麼了？後來我才想到或者才知道，以前好像聽過，狗沒有汗腺，只能靠舌頭排熱，所以狗在這麼熱的天氣跑步，其實是會累斃的！

從人類的汗腺跟狗不同的小故事，讓我有某些聯想。如果一群人去追一頭鹿，鹿當然會跑得比人

類快，這群人沿著鹿跑的方向追逐，只要能夠維持一小時跑十公里，這個速度或許對很多人來說是不容易，但是原始人每天都在跑都在動，可以想像他們比我們有更強的跑步能力，如果他們保持這個追趕的速度，大概四或八個小時之後，這隻鹿一定會倒下來，因為牠運動過度、排汗不及，力竭了！於是人類就這樣取得了食物。我推測，跑步狩獵，可能是最早的一種狩獵方式，並且跟語言有很大的關係，如果不是語言，是沒辦法把十幾個人聚集在一起，然後分工。克羅馬儂人如果沒有語言，他們要怎麼去處理眾人的事？這個問題是我們很難想像的！這也就牽涉到今天的主題：「想」跟「動」。我只要運動訓練結束之後，如果真的很累，比如我用很快的速度，衝刺四百公尺或者八百公尺，十趟或者十五趟，跑完之後，我回家不會躺下來，會坐在那邊什麼事情都沒辦法做，大概就是呆呆的，那段時間可能很長，有時候三、四個小時。也不是真的什麼都不做，但有些事，比如說看書，是沒辦法的，跟人講講話倒是還可以，類似這樣。所以，想跟動，對我而言，有時候是有一種奇怪的不相容性。

切身之痛讓我動起來

那麼，想跟動，這兩件事是怎麼扯上關係的呢？以前我是不運動的，小時候運動神經很差，班上50個選40個要大隊接力，我一定不會被選上，我就是班上最慢的兩、三個。校慶運動會是一個慶典，大隊接力是群體活動，一個群體，大家一起完成一件重要的事情，我被排除在外，心裡其實是不舒服的，還有一種遺憾的感覺。我很羨慕那些跑得很快的人，因為我發現我怎麼樣都跑不快，這是一種挫折的經驗。後來為什麼會開始運動呢？年輕時我也會運動，但都不太持久，所謂持久，是大概可以持續個一兩年。開始比較認真運動是一次受傷促成，那天，家裡很亂，我要整理東西，半跪在地上，推一個抽屜，那個抽屜有點卡住，我想說用力推看看，一推，腰部突然一陣劇痛，我心裡想：慘了！然後腰就直不起來，那天我都必須彎著腰走路，實在太痛了，那個痛跟一般肌肉扭傷是不太一樣，大概是椎間盤突出之類的。巧的是兩天前我才剛報名健身房，也不太知道為什麼那個時候想要運動，或許是覺得經年累月下來，身體真的變差了，沒想到才報了名繳了費，兩天後就受了傷，我只好去申請延期。我不太吃止痛藥，接下來兩個月就去針灸和復

健，針灸讓我覺得舒緩，在門診復健也做過三、四個小時，但不久之後發現又站不起來了。於是我又得在比較舒緩的時候去復健科拉一拉筋骨，通常就躺在那邊什麼事情也不做，復健師就拉拉拉，力道慢慢加重，某一天，ㄆㄧㄚ一下，腰部有一點感覺，好像什麼東西歸位了，從此痛的次數跟強度就少很多。

比較不痛之後，我開始上健身房做肌力訓練，上跑步機一次跑個五公里，後來進步了，一小時差不多七、八公里，持續四年。這幾年我練了比較多的跑步，愛上馬拉松，在跑步過程，我體會到肌力訓練也是很重要。由於腰部受傷，我做一個平衡的訓練，是核心肌群的訓練，叫做「紅繩」Redcord，是一套國外引進的系統，讓你在比較難平衡的狀態下，訓練用很小的肌肉去維持身體的平衡。我覺得這個訓練對我的腰傷很有幫助，後來我就不用再去復健了。

恰到好處的挫折

我剛開始練跑步的時候，會聽到有些人非常重視怎麼跑，姿勢應該要怎麼樣，要開腳還是收腳，還是應該要跨步，要腳跟著地還是腳尖著地等等的

各種討論。另外一派，好像對這些講究的東西有著反動，就說，別想那麼多，跑就對了。或者會聽到有一些人說，我在跑健康的啦！意思是說，我沒有什麼目標，就只是跑而已。我自己大概在跑了一段時間，或許半年、一年之後，會覺得懈怠，不想再跑了，似乎需要有一些其他的力量來推一把，比如說，想讓身體變得更強壯、或者自我挑戰，同樣的距離，可以在更短的時間內完成、或者要讓跑的感覺更輕盈。訓練的過程，其實是離開舒適圈的，如果你本來一公里跑七分鐘，今天叫你一公里五分鐘跑完，你會很喘，那不是你舒服的速度，但你可能還是可以跑。或者舉重，你可以很輕鬆舉起二十公斤，並且做十下標準的深蹲。重量加到三十公斤，你覺得還可以做。加到四十公斤，你會覺得有點吃力。加到五十公斤，你發現只能深蹲六下。加到六十公斤的時候，你連一次深蹲都做不起來。像這樣的訓練之後，相對應的肌群會痠痛，甚至不只這樣，可能身體的左邊右邊，欸，全身的什麼地方都是怪怪的，睡覺的時候，翻個身都會痛，這都是一些微創傷，一些肌肉纖維的小小破壞。肌肉生理學說，這些破壞，對於訓練的成果是必要的，但不是讓你的肌肉整個斷掉或拉傷，如果拉傷，可能要休息一整個月不能動、不能訓練，身體反而是退步的。所

以「訓練」這件事，其實是在找一個適當的身體刺激，是一種帶有創傷性的修復過程，類似心理治療，我們常會講的「恰到好處的挫折」。我們在跟病人的治療過程，會有不可避免的挫折，因為要完全滿足病人是不可能的，尤其當治療進行得很順利的時候，病人所有童年的慾望，以前沒被滿足、沒被了解的東西，全部都會跑出來，他會希望在治療者身上得到他想要的一切，比方說，他希望每一次會談，可以多個十分鐘。或許你覺得這也沒什麼，就多給他十分鐘吧！但對他來說，還是不夠的，他會想要更多......，總有一天，你會發現你沒辦法完全滿足他了。我的意思是說，心理治療過程中，「恰到好處的挫折」，跟運動訓練的「適當的創傷刺激」很像；我們都認為運動訓練會讓我們變得更強，但如果你急於變強，每天不斷扛重，或者每天都使盡全力跑步，你會發現沒多久就沒辦法再做同樣的事了！也許是意志力會突然消沉下去，也許是提不起勁，或者是就受傷了，然後食慾變低，並且容易感冒......這些都是過度訓練的問題。

經驗告訴我們，身體不是在訓練的時候變強，事實上，訓練有時會讓你的身體變弱，反而是休息了之後，身體才會變強，它是為了趕上你給它的刺

激而改變。當你給身體一個刺激，就是發出一個訊號，告訴它：「現在這樣是不夠的，你必須要改變，你必須要不一樣！」治療工作不也是這樣？一個病人來到診間要求要改變，但另一方面，他有一個舒適圈，讓他耽溺在裡面。舒適圈就像身體，每一個人都有自己的身體，都有一個舒適圈，如果不離開這個舒適圈，他不會改變，但是離開舒適圈，他會痛苦，這多少有點兩難。運動訓練當中，「痛苦」大概是很難避免的元素，最極端的例子，比如去爬聖母峰基地營、極限運動、24小時或260公里的超馬，過程是非常極端的痛苦，卻仍有人樂此不疲！

　　無論是因為腰受傷而開始運動，還是為了突破自我目標而跑步，接受訓練都是一個意識上的決定，但是做了意識上的努力之後，這個訓練本身並不會讓你變強，你還必須進一步持之以恆的行動，然而，如果沒有意識上的努力，當然也不會有機會改變。但是變強是發生在什麼時候呢？是在你休息的時候！休息的時候，你會知道你是怎麼讓自己變強的嗎？其實你不知道。我們都是在不知不覺中變強的，例如為了上喜馬拉雅山基地營，需要做一些訓練，也許三個月也許半年後，你再次測量才發現，現在比以前走得快，耐力、距離都增加了。有一個

研究說，跑完一場馬拉松之後，接著跳繩，跳的高度絕對是大幅下降！什麼時候會回到水準呢？體力恢復得快或慢是關鍵——超馬選手的能力就在這裡，他們決勝之處不在於跑得快，當然跑得快又能維持速度是最好的，但是超馬選手都是在比體力恢復的快慢。強力訓練之後，身體運動能力下降，快的人一覺醒來就恢復，慢的人需要兩三天，甚至一個禮拜才能恢復。恢復的過程是因為身體感覺到自己是不夠的，受到刺激後，它的能力提高，但提高的時候，你繼續給它刺激，它的能力反而下降，需要更多時間恢復，這叫「超量的恢復」（over-compensation，或譯『過度補償』）（圖1），就好像某一天市場上突

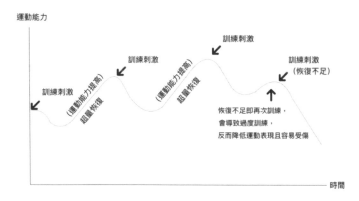

圖1：訓練對運動能力造成的影響

然買不到石油，下一次你有機會買到石油的時候，一定會囤積一些，會加量地補償。身體也是這樣，你給它一個刺激，它變弱了，當它恢復的時候，就會盡量吸收各種養分，讓身體變強，肌肉纖維增長，或者能夠耐受的時間更長，但是如果一直訓練一直訓練，體能一直掉下來，又沒有時間恢復，體能確實會變弱——它表現的方式就是，容易感冒、疲勞、提不起勁，甚至會變得有點憂鬱，這些都是所謂的「過度訓練症候群」。

運動訓練的模式

運動訓練有很多種模式，消耗、強健的部位和作用各有殊異。像有氧運動，包括長距離的游泳、自行車、跑步，所謂的「三鐵」，這部分訓練會用到很多能量系統。能量系統有很多分支，能在很短的時間，提供能量，因為它不需要氧氣，它是磷化物系統，就是我們所說的ATP系統（ATP水解之後產生ADP與能量）。但是ATP的存量在生物體中極為有限；當ATP耗盡的時候，乳酸系統開始需要一些氧氣，產生大量的代謝，如果乳酸的廢棄物開始堆積，我們就沒辦法持續運動下去。跑步五公里，大概都是用到乳酸系統，有氧系統則是長距離的運

動，至少要超過一小時、兩小時的運動。有氧系統會讓身體的脂肪開始分解，我們知道，一公克脂肪可以提供九大卡熱量，脂肪有點像煤炭，假設你要生火，直接拿火去點煤炭，煤炭燒不起來，需要有火種或紙之類的媒介。乳酸系統用的是肝醣，肝醣有一點類似紙的功能，而最直接可用的是血糖，血糖就像引火的火種，它會先燒起來，然後點燃煤炭，有氧系統就是這樣的運轉模式。

舉槓鈴或啞鈴，另外如TRX、Redcord、BOSU板、Free Weight等都是屬於肌力訓練。平常站在平地上做深蹲，做久了，覺得很簡單，可以挑戰站在健身房一種叫BOSU板（半圓平衡球）上面或者有些人會站在枕頭上做，如果要更進階，就把一隻腳抬起來，或把後腳掛在繩子上，用一隻腳深蹲，這些都是訓練動作的穩定性，所用到的肌力，跟我們日常生活會用到的自然動作相去不遠，但是你也可以把它變得很難，這個「難」，主要是神經肌肉控制的問題，這種訓練很快，也就是它恢復得比較快。肌肉會傳遞訊息到大腦，大腦對不穩定的動作做出反應，身體很快地抓取關節的各個刺激，然後調節，學習幾次就適應了。我們日常生活的動作，都是好幾個肌群肌肉的綜合應用，例如你要掛在樹幹上，

首先你奮力地爬上去，你要應用到手腳各個部位的肌肉，甚至連對向的肌肉都會串起來一起動作。這些「肌肉群綜合運用」的能力，不見得與單一肌肉的力量成正比，而是取決於相關肌肉乃至其間錯綜複雜的筋膜，彼此的協同出力與拮抗。這就是「動力鍊」的概念。（圖2與圖3是利用Redcord與健力球訓練動力鍊協同完成動作的例子）

心肺耐力訓練如跑步、自行車、游泳這些。而像瑜珈訓練，當身體伸展到極限的時候，並不會太好受，但身體的適應能力很快，如果你願意再多給自己一點堅持，就可以把關節打得更開。

身體痛苦 VS.身心症

運動裡不可避免地會有一些痛苦的成分，「痛苦」也是精神科病人會來找醫生的一種主訴。某些身心症狀，例如反覆地拉肚子，反覆地氣喘發作，或者身體莫名其妙這裡痛那裡痛，到處找醫生卻都找不到特定的原因，然而對身心症有經驗的醫師會發現，身心症其實是一種沉默的表達方式，也就是，病人談很多身心症狀，滔滔不絕地抱怨身體各個地方不舒服，他的話可能很多，但是，基本上他

是沉默的，他不談他自己。當我們跟這些病人工作一段時間之後，會有一個印象是，他是沒有話語的，這些病人「本身」是沉默的，甚至我們可以把它理解成是一種「嬰兒式」的精神運作，所謂「嬰兒式」的精神運作是說，嬰兒有很多身體的感覺，但是嬰兒沒有辦法講話。即使我們已經是大人了，在生重病時，也會回到類似一種嬰兒式的精神運作。

嬰兒式，英文的infant，它是從拉丁文infans這個字來的，指的就是「沒有話語」的意思。嬰兒最早期的精神結構，是很多非語言的符徵，包括動情帶，比如口腔、肛門、還有肛門的排出物，或者三歲到五歲的小孩會發現小雞雞……等等。佛洛伊德的「小漢斯」案例，提到一個五歲、怕馬的小孩，他的話題一直圍繞著黑黑的東西，媽媽內褲黑黑啦、大便黑黑啦、大便會被沖走啦，小漢斯的精神運作中，這些黑黑的東西是非常重要的角色，這是成人無法理解的、沒有言語的嬰兒式的精神結構。佛洛伊德《夢的解析》第七章有張圖，是解釋精神裝置，說明感知進來、如何運動、變成一個反射、又變成一個反射弧。

圖2：紅繩訓練

A   B

C   D

以紅繩訓練核心肌群的穩定與動力鍊協同發力的順暢。（圖A）如一般地板上進行之「平板式」穩定，但雙腳踝是不穩定支撐（左右支撐的紅繩有滑輪相連，若左右腳發力不平均，身體會傾斜），以此為起始動作，髖與膝雙關節同時屈曲（圖B），然後股四頭肌用力膝蓋伸直（圖C），最後伸展髖關節回到平板式。以圖A到圖B的動作為例，牽涉到的大肌群至少有前側的髂腰肌（在腹部深層，連結脊椎與股骨）以及後側的腿後肌群，如果我們思考的方式不同（可以透過指導者的口令差異），不同肌群的參與比例會不太一樣。（例如：「把膝蓋往肚子的方向靠近」跟「把腳跟往屁股的方向收進來」是兩種不同的指令）

圖3：健力球

我們也可以利用健力球，在不穩定平面上進行各種訓練動作：分腿蹲（負重或不負重），或從立姿往前推球到平板式穩定姿勢。健力球上的負重分腿蹲，對軀幹左右兩側用力的平衡特別構成挑戰；而從立姿、雙肘支撐於健力球上前推至平板式，需要腹肌在不斷伸長狀態下仍維持越來越高的張力（離心收縮），同時也要維持左右平衡。右下圖中的平板式穩定姿勢，髖關節並未完全伸展（臀部略為撅起），這並非很理想的動作姿勢。

也就是說，感知經過刺激，穿過一連串的無意識，形成一個一個記憶痕跡——這裡的反射弧跟運動是不太一樣，不是敲了膝蓋，膝蓋就會跳一下的那種單純的反射。

佛洛伊德舉了一個動人的例子：一個日夜守護在病榻旁的爸爸，他的兒子最後不幸過世了，屍體停在房間，爸爸守靈守了好幾天，很累了，請了一個守夜的人來幫忙照護，爸爸回到自己的房間打盹。屍體周圍圍繞著燃燒中的高蠟燭，閃閃火光穿過敞開的門映照在爸爸的臉上。爸爸做了一個夢，夢到他兒子跑到他前面跟他講，「爸爸，你沒有看到我正在燒著嗎？」他突然驚醒，然後一看，那個守夜的人睡著了，兒子屍體的檯子上，燭台倒下來，已經燒到他兒子的一隻手臂。

我們日常生活的經驗是，我們經歷到一個感知，然後有一個動作出來。在剛剛那個夢裡，爸爸最後醒來會有動作，但是在那之前，做著夢的爸爸是沒有動作的，因為他還在睡覺，然而他產生一個感知，讓兒子在夢中走到他面前跟他講話，為什麼會這樣？佛洛伊德說，夢中沒有語言，它的方向是退行的，是反方向的，是倒著走的，佛洛伊德把它叫

做「regression」。（圖4）我們在病房裡也常常覺得，病人好退化喔，退化到像嬰兒時期那樣，主要是說，精神結構方面的。精神裝置的運作退到像嬰兒時期，也就是反方向來進行，在時間上，可能向著感知的方向，或者向著嬰兒期的方向。這跟我們講的運動有什麼關係？運動訓練並不是一個反射性的運動，我們用人為的力量，一種莫名其妙的意志力，去跑42公里的馬拉松，給自己痛苦，結果肌肉痠痛、腳抽筋、累到極限！或許我們也可以說這是另一種「反方向」，用一種人為的方式去接近嬰兒式精神運作的狀態，這個運作狀態少不了痛苦的成分，如果沒有痛苦的成分，我們反而會抗拒去做這件事。

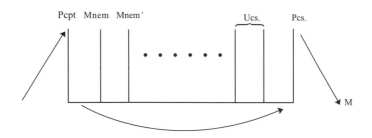

圖4：精神裝置的方向性

做夢的時候，夢就只是出現而已，例如你夢到你回到小學時的教室，那個時間，你就是在那裡。

夢醒了之後，再回過頭來想，啊，我怎麼會做這麼奇怪的夢，怎麼會回到小時候？你想把夢中的情景說給朋友或分析師聽，當你用語言表達的時候，你是試著去碰觸那個原本言語碰不到的地方，這可以說是精神分析中的「通透工作」（working through）。運動訓練也像是一個身體的通透工作，運動之後你會覺得好像什麼東西通了，雖然跑的時候很痛苦，跑完之後，休息夠了，身體恢復了，你會覺得好像變輕鬆了，當然，和精神上所能碰觸到的深度還是不太一樣！很意外的是，在門診看到某些憂鬱症或者精神官能症的病人，他們自己也發現運動訓練可以作為對抗憂鬱的良方，運動對於身體內外，似乎確實有一種通透的作用。

更好的自己在終點等你

運動訓練這件事，也跟「自戀」有些關係，不管你希望贏過別人，還是只要贏過昨天的自己，都是一種「自戀」。贏過昨天的你，難道不是童年失落的一種補償？就像小孩子的希望是，他要趕快長大，要趕快變成大人一樣。馬拉松的跑者會說：「更好的自己在終點等著你。」這也是一種自我理想的訴求。

　　有些人跑馬拉松，是爲了跑完之後去找很好吃的食物，這裡面有一種被剝奪後重新獲得的喜悅。剝奪包括水分、礦物質或者肝醣，這些身體元素失去或降低之後，重新再補充的時候，那種滿足感無可言喻！戰勝痛苦之後，可類比象徵性地克服死亡，重生的感覺特別甜美。但也會遇到一些阻力，比如過度訓練、別人無情的批評、自我懷疑……各式各樣的負面聲音會出現。佛洛伊德在《可結束與不可結束的分析》中提到，基本上就是要對抗改變的慣性或惰性，也就是「不動者恆不動」。持續運動練習的人會發現一個有趣的現象，如果今天一早起床要出門跑十公里，從床上下來到門口那個十公尺才是最困難達標的，比後面要跑的十公里還要難！一旦穿好鞋子出門，一切都變得很簡單了。「想」與「動」兩者之間，是不是藏有很奧妙的關係？

講者後記：

　　這次的演講是2018年11月，臺灣精神分析學會所主辦的「運動與精神分析」工作坊中的系列講題之一。原本大家說好了，講者們將講座所談的內容文字化，在隔年的3月交稿。但我在這次的文字化過程中卻碰到極大的困難，交稿期限一延再延，拖延

了將近半年，最後還是決定放棄。多虧了無境文化的編輯游雅玲憑藉她驚人的理解力與整合能力，在一堆雜亂無章、蕪蔓龐雜的錄音逐字稿中抽絲剝繭，居然理出更爲接近原本想表達的脈絡，至感佩服。個人對她與對學會「應用精神分析」團隊的謝意與歉意就不在此多費筆墨。講稿我個人已詳讀，倘有任何謬誤或語意不清之處，概由本人負責；倘幸有吉光片羽，對讀者諸君能引些許興趣或啓發，則皆爲游小姐生花妙筆之功。

書寫的困難，或許也來自於「運動」此一主題，尤其當我們所談的運動，並不只是意識上如何控制動作，而是如何讓動作品質更好，那麼就牽涉到很多身體感知的問題，而在精神裝置（佛洛伊德《夢的解析》第七章）中，則更接近於感知端，難以用思考的次級過程所整合。我們在分析治療中，大體上會減少「（變）動」的可能——時間與地點的固定，減少眼神接觸所帶來不可避免的社交層面互動，用躺椅來幫助放鬆與減少肌肉用力，將現實世界隔絕於外……等等；另一方面，對於遲到、缺席、付費失誤（無論有意或無意），一般視之爲「行動化」，分析重點將會著重在釐清這些行爲的重複特質，以及背後推動著這些行爲的無意識幻想。簡而言之，

在「設置」（setting）中努力減少變動的因素，正是
為了設法發現病人的行為背後有什麼正在「動」著，
而設法讓它們成為治療中可以「想」的事。佛洛伊
德用這樣的方式比喻自由聯想：「就像火車行進間，
你看著窗外的風景，把更迭變換的景色描繪給旁邊
的乘客聽。」這難道不是一列正在動著的火車嗎？

　　身體最早的「動」，同時佈滿著挫折與享樂的
深刻印記。佛洛伊德所稱嬰兒時期的「原初的無助
狀態」（hilflosigkeit），正是指一種嬰兒還無法以
意志控制「動」，在動的層面完全無助而必須完全
依賴大人的狀態。不管是進食或排便，在純粹的生
理需求滿足以及能量釋放之外，每一種習得的動，
即使簡單如吸吮拇指或括約肌的收放，也都有機會
（藉由重複）成為享樂的來源。長大後，我們知道
動一動會讓精神變好：民國七十年以前的國中小
學，要求做晨操；心情不好時，出門跑個五公里，
覺得通體舒暢。「動」不見得總是與性的享樂關聯
那麼緊密，但總可以提醒自己，有能力讓身體移動，
自我感覺有多麼良好。

　　我們不見得記得還在蹣跚學步階段跨出第一步
時的興奮與不安，但大家談到所謂「成長」總會提

到「跨出舒適圈」，運動訓練尤其如此。在當天演講中舉了許多例子，不管是跑步中更快的速度（即使距離較短），肌力訓練中負重的增加，或者以各種方式破壞身體習以為常的平衡，這種跨出舒適圈是給身體一種刺激，身體的疲倦或肌肉痠痛，在適當的恢復之後，身體會變得更強，這就是訓練的效果。就運動生理學的術語來說，這叫「超量恢復」；但我們可以將之視為一種身體層次的「通透工作」（working through），一如精神分析的過程？跑完一場全程馬拉松之後，全身痠痛、寸步難行的經驗，多多少少喚醒了小時候原初無助時的驚恐，陌生中又帶著熟悉（佛洛伊德所說的umheimlich），全身上下有多少小肌肉平時被我們忽略，此刻以此起彼落的哀號呼喚我們……然而，有經驗的運動者知道，這些身體不適都會過去，以後身體的舒適圈會擴大──也就是說，比現在的自己更好。跟精神分析過程中的「退行」相比，我認為這種運動訓練過程中的不適也是可堪比擬的「反方向」，在有充分時間恢復的前提下（而一如精神分析中，我們往往無法完全知道個案何時或如何浮現洞識，我們也不能主動促進身體的恢復，只能減少干擾恢復的因素），這兩種「反方向」同樣具有治療的效果。

　　期待演講稿與增補的後記能夠拋磚引玉，讓有
運動興趣的人，對這樣的「想」與「動」的主題，
能更進一步的思考。

潛．意識

潛水與精神分析

崔秀倩

精神科醫師

臺灣精神分析學會會員

美國麻州綜合醫院精神分析研究中心進修

　　精神分析探索的是潛意識，當我們把unconscious這個字嘗試翻譯成中文時，選擇了「潛」意識，剛好跟「潛」水同樣的一個中文字，語言做為一種表徵，這樣的巧合似乎指向潛水、潛意識有某些相似之處。Juan-David Nasio等在《A psychoanalyst on the couch》這本書中談到分析治療宛若盧貝松的電影「碧海藍天」（The Big Blue）中潛入蔚藍大海的經驗，治療師運用自己的潛意識做為工具，潛入自己潛意識的某個深度，在那裡跟個案的潛意識交會，分析治療的歷程就是下潛、跟個案的潛意識交會，再把交會時的所感所思，用語言說出來。所以分析師在訓練養成的過程中要求要有「個人分析」，藉由被分析，分析師才有能力進入自我深層的潛意識；當分析師因為自己的阻抗無法下潛時，就無法跟在潛意識深水區的個案相會。潛水的技術中有所謂的「中性浮力」，簡單的說就是潛水員藉由裝備和調節呼吸，讓自己維持跟周圍海水一樣的比重，穩定的靜止停留在水中的某個深度，這個深度可以是海平面下十米、二十米，也可以是三十米的水深處，在分析治療中，治療師也需要有能力穩定停留在跟個案此時此刻同樣的潛意識深度，才能和個案交會。我想起之前潛水看槌頭鯊的經驗，槌頭鯊的習性是在水深1米到275米之間活動，最常見的可能是

水深20米以下或更深處，在潛水的過程中，我們只能根據前人的經驗，知道牠們可能出現的水域，但無法知道確切的深度和位置，因爲槌頭鯊群游得很快，可能在幾秒鐘就巡游過去了，所以我們會潛到某一個深度靜靜地等候，張大眼睛屏氣凝神的期待著。和槌頭鯊的二次相遇，其中一次在十米，一次在三十米，這也讓我想到，在分析治療工作中，偶而會想，我們希望跟個案在更深的潛意識工作，但有時個案還無法到達那麼深的潛意識，可能他還停留在意識層，停留在前意識（preconscious），或因爲阻抗只能到達潛意識的淺水區，這時治療師要維持在跟個案差不多的深度，才有機會和個案相遇。另外一群潛伴雖然跟槌頭鯊在同一個深度相遇了，但是因爲他們的視線是從珊瑚環礁向外看，卻沒料到槌頭鯊是從他們的後面大搖大擺地慢慢游過去……上岸後才捶心肝的看到一張他們的背面和槌頭鯊的合照。所以即使治療師跟個案在同一個潛意識深度，治療師得讓自己的注意力是四面八方的，「平均懸浮的注意力」，就是說不能太執著，如果只盯住一個方向，沒有維持自由中立的狀態，即使與個案的潛意識交會，也可能視而不見。

盧貝松的經典代表作電影「碧海藍天」改編自

Jacques Mayol的眞實故事，可說是自由潛水傳奇人物Jacques Mayol的傳記電影，而這部電影也有盧貝松自己的影子。盧貝松的童年是在希臘渡過的，他的父母在當地從事導潛工作，盧貝松年輕時也非常熱愛潛水，但是因爲一次的潛水意外後就無法再繼續潛水了。Jacques Mayol的媽媽在他很小的時候就遠走他鄉，Mayol和父親相依爲命，但是他卻親眼目睹了父親在一次過勞的潛水工作中意外身亡。成爲孤兒的Mayol有著驚人的潛水天份，大海更像他的家，而海豚也更像他的家人，不善語言表達和社交的Mayol對於大海就像是著魔般的執迷，他的童年舊識Enzo也是自由潛水的高手，一直把Mayol當成假想敵競爭，這二人都是自由潛水界的神人，內心卻處於不同的狀態，Enzo一心想征服海洋，Mayol則執迷於與大海連成一體。Jennifer C. Hunt在<Diving the wreck：risk and injury in sport scuba diving>（1996）這篇論文中訪談了一些技術潛水的潛水員，探討從事這種高風險潛水的心理狀態，他發現有些男孩和父母有施虐受虐依附關係（sadomasochistic maternal and paternal attachments），選擇高危險性的運動來處理內在對父母的衝突，他們在前伊底帕斯（Pre-oedipal）時期，父親不在或是過於殘酷，藉由潛水

展現男子氣概（musculinity）。專業潛水員多是男性，他們之間的相處就像是和父親的親近，他們彼此認同與競爭，潛水對他們來說就像是掌控攻擊衝動、生存遊戲，和危險死亡調情；戰勝氮醉、深度、時間，受傷可能跟未解決的伊底帕斯情結有關。也有些人是對「陽具母親」（phallic mother）的防衛，潛水讓他們從母親或是婚姻、工作的束縛中脫逃，得到自由。在電影中完全沒提到Enzo的父親，而其巨大母親的身影的確隱含著phallic mother的味道，Enzo對Mayol的親近與競爭，看似手足情誼但更可能的是在尋找那個不在的父親。而Mayol在Enzo意外死亡後就像是重新經歷了童年時，父親意外死亡的創傷。

Mayol在深夜著魔般的堅持要潛入大海，他對女友說：「我得去看看。」女友哭喊著：「看什麼？海裡又黑又冷，什麼都沒有！」Mayol是在尋找父親？抑或是更早就離他而去的母親？是什麼都沒有，還是什麼都有的另一個世界？

海洋到底有什麼魅力，會讓人如此著迷？想到海洋時，你的腦海中會出現什麼畫面？心裡又會浮出甚麼感受呢？易卜生的劇作《海上夫人》（The

Lady from the Sea, 另譯『海洋女兒』），劇中的女主角艾梨姐（Ellida）是燈塔守護員之女，在父親過世後爲了生計嫁給一個跟父親年齡相近的醫生，婚後懷孕但兒子卻早夭了，艾梨姐每天都在海岸邊望著大海。這個劇作描繪的是在那個時代，女性無法自由的選擇愛情與婚姻，艾梨姐鎮日望著大海，幻想她理想中的情人回來找她，她就可以離開她不愛的醫生，跟情人過著幸福快樂的日子。在這個劇作裡，海洋象徵的魔力是離開被束縛的、不自由的現實生活，前往心目中的理想幻境。海洋有哪些象徵呢？海岸是陸地和海洋的交界，在那個交界有著潮來潮往的潮汐，潮來潮往的感覺就像是一下無情地把你推開，一下又召喚你過來。潮汐是由月亮的引力造成的，月亮讓我們很容易想到的表徵是母親，莫非潮汐喚醒了我們潛意識裡和母親融合與分離的記憶？海岸也是創造跟破壞交織、生之驅力跟死亡驅力交會之處。繼續向大海前進，感受到的是海的力量，全能的感覺，在光線無法到達的深海，是全然黑暗的，象徵的是死亡與未知，還有危險的誘惑。海，帶給我們的另一種感覺是遼闊、沒有邊際、全然自由、不受任何限制的，彷彿可以離開現實生活中所有的約束、限制與責任，到達一個理想的天堂，在這個未知的秘境，所有的欲望都可以實現，

欲望不會被限制。深不可測的海洋，也像是黑暗未
知的潛意識，對於未知我們可以有無限的想像力，
是無窮無盡想像力的孕育發源地，就像是子宮，創
造孕育生命起源之地。

圖：小美人魚

　　莊子逍遙遊：「北冥有魚，其名爲鯤。鯤之
大，不知其幾千里也。化而爲鳥，其名爲鵬。」魚
化爲鳥是一種身體的轉化，許多神話與童話中也有
身體轉化的情節，神話與童話承載了許多潛意識幻
想。潛水不也是人嚮往轉化爲魚的情懷，安徒生所
寫的《小美人魚》就是跟身體轉化有關的童話故
事，在這個故事中，我們熟知的小美人魚是人身魚

尾的模樣，她有著美麗的少女面容，Rene Magritte 卻畫了一幅魚頭人腿的人魚畫作 The Collective Invention，顛覆了我們對於人魚的想像。人類對於海洋的渴望，有沒有可能是基因演化的遺跡？如果人類基因裡面有一部分是從魚類演化而來的，在人的心智中仍留有雛形，對海洋的嚮往與渴望，想親近大海，與大海連結，轉化為魚，在海中悠游，滿足的是一種基因裡的鄉愁嗎？有些人會一再舊地重遊，筆者有些喜歡去日本旅遊的朋友會說他們是返鄉，而另一些人卻嚮往去那些從沒去過的地方，有句談旅行的話說：「越過自身經驗的邊境，就是世界。」所有身體的轉化不也是為了要跨越自身經驗的邊境？在我們熟知的童話版本裡，小美人魚是為了愛情渴望轉變為人，這故事原型裡，還有一點被忽略的是小美人魚嚮往的是人類不朽的靈魂。故事中，人魚可以活三百年，但是死掉就化為泡沫，而人類的壽命雖然比較短，但是人的靈魂卻可以重生，所以她上岸的動機之一，是希望靈魂不朽，身體轉化的跨界的潛意識願望，也像是希望穿越有限、進入無限。

　　精神分析裡又是怎麼講海洋的呢？佛洛伊德在 1927 年與羅曼羅蘭的來往書信中，曾提起「海洋感

覺」（oceanic feeling），羅曼羅蘭透過這個詞彙，試圖傳達他在宗教信仰上，一種悸動的、對於無限的感受。他問佛洛伊德是不是也曾經驗過這種海洋感覺？精神分析會怎麼理解這樣的感覺？佛洛伊德對此不太能領會，他回信寫道：「你悠遊其中的世界，對於我是多麼陌生啊！神祕氛圍對我來說，如同音樂一樣門戶緊閉。」羅曼羅蘭回覆：「我難以相信神祕經驗和音樂對你是陌生的。我想，其實你害怕它們，只因你希望保留批判理性這項工具不受沾染，完整無瑕。」

後來的一些學者也認為佛洛伊德對於潛意識，對人的精神活動是如此地有興趣，對海洋感覺卻表現出敬而遠之的態度是不尋常的，難道是佛洛伊德內心遇到了什麼阻抗，讓他無法進一步探索這他從未經驗過的神祕未知之境？羅曼羅蘭形容海洋的感覺，就像是一種永恆，無邊無際、沒有界線；佛洛伊德雖說自己從未經歷，但他還是回應了這種感覺可能是一種無限，和宇宙合而為一的狀態；unity、oneness、limitlessness是在討論海洋感覺時，一再反覆出現的幾個關鍵字。佛洛伊德在1927年<The Future of an Illusion>的論文中又提到，這種感覺可能很接近「原初自戀」（primary narcissism）。

　　「原初自戀」是在伊底帕斯前期（pre-oedipal）
的階段，母嬰融合在一起，嬰兒感受到整個被環抱
的感覺。海洋感覺的特徵是一種退行的狀態，這種
狀態不是一直持續的，而是短暫、稍縱即逝的。當
面對嚴峻無情的現實時，心智狀態退行到伊底帕斯
前期（pre-oedipal），語言發展之前（preverbal）的
階段，對於生命早期與母親連結的記憶。在這個狀
態裡，自我界線是模糊不清的，心智中分化與未分
化的部分有足夠的接觸，與外界在融合和分離之間
不斷地變化，這種動態的變化當接觸融合時，感受
到海洋感覺，而完全分開的時候就會變成你跟我、
界線分明的狀態。乘船在海上航行時，人和海水之
間有船身的區隔，可說是界線分明的狀態，而潛水
時，海水會完全包覆甚至滲入身體，就是界線模糊
不清的狀態，所以我們可以推想，潛水時可能會短
暫地經驗到海洋感覺，其他還有例如：宗教、藝術、
美學、文學、詩、冥想、狂熱、神秘、勞動、科學、
瑜珈、蘇菲教派旋轉舞等，都可能會有這樣的體
驗。

　　佛洛伊德認為海洋感覺可能是「原初自我的感
覺」（primary ego feeling），他在1930年《文明及其
不滿》（Civilization and Its Discontents）這篇論文中

談到，嬰兒在早期是怎麼區分自我跟外界的呢？他說嬰兒必須先發展出一些感覺（sensory）跟動作（motor）的能力，可以有對自己身體的感覺，可以運動控制自己的肌肉，這時他才可以開始分辨出什麼是裡，什麼是外。他用下面這段話反駁羅曼羅蘭，他說：「關於海洋感覺，他想到的是兒童，這些感覺歸根究底是一種能量的來源，用來表達強烈的需求，而對於兒童來說，最強烈、最無助的需求，就是需要父親的保護。」也可以說，佛洛伊德對海洋感覺的自由聯想，停在對父親的強烈需求就無法再繼續往下想了，但佛洛伊德似乎又認為這樣的理解是不夠的，在對父親的需求之下還有更深層的未知。他說他想像中，這個海洋感覺可能是在母嬰關係裡面，一種不受限制的自戀，那是比兒童無助時需要父親還要更早的經驗，但是要研究這些無形的概念，非常非常地困難，這樣的困難讓他想到Schiller的詩作〈潛水者〉（Der Taucher），他引述了其中的一段：「讓他歡欣吧！那在玫瑰色的光芒中呼吸的人」。　佛洛伊德到底想表達什麼呢？Schiller這首詩講的是對海洋的未知充滿好奇的國王，國王想知道海裡面到底有什麼，就把一個金盃丟向大海，徵求勇士到海中把金盃撈起來。Shiller非常生動地描繪出險峻的海相，他形容海中波濤洶湧的

漩渦就像地獄的開口。後來真的有一位少年勇敢地跳入海中，其他人都心想這少年凶多吉少了，想不到過了一陣子，少年手舉金盃浮了上來，他說：「吾王萬歲，讓他歡欣吧，那在玫瑰色的光芒中呼吸的人，但那下面陰森恐怖，凡人還是不要試圖冒犯神明，不要靠近不要窺探，他們用暗夜和恐懼殷殷遮蓋的一切」。他解釋自己其實已經被海浪捲走吞噬了，後來不知道怎麼回事，突然有一股海流把他捲到珊瑚礁上，而金盃剛好就掛在那裏，當他拿起金盃，海浪又把他捲了上來，他才得以生還，而在那珊瑚礁之下還有更深更暗的未知，國王聽到下面還有深不見底的未知，又再一次把金盃丟入大海，要少年再去看看更深處是什麼。少年再度躍入海中，而這次卻再也沒有回來。詩裡對於海洋的恐怖有非常多的描述，也可以說佛洛伊德對於海洋的聯想是危險的。

　　海洋母親宛如是被怪獸所佔據的身體，當潛水者潛入海中，會完全被母親的潛意識包圍吞噬，佛洛伊德在別的地方也談過類似的恐懼，他用uncanny這個詞來形容這種被母親潛意識吞沒的恐懼，而這跟羅曼羅蘭的經驗是很不一樣的，羅曼羅蘭形容的都是天人合一，平靜美好的感受。後來有些學者談到他

們兩人的差異可能與他們自身成長過程中，對於母親的情緒經驗有關。佛洛伊德是父親和第三任太太所生的長子，他出生後和父母睡在同一個房間裡，在他三歲以前又有了二個手足，而排行在他下面的弟弟不到一歲就過世了，所以他在三歲以前經驗了「原初場景」（primal scene）的刺激和其他的情緒創傷與衝擊，在他的自我分析及理論發展中，對於嬰幼兒與母親的情節仍有許多未知不解，而海洋感覺可能就在那塊未知待探索的黑暗大地中。雖然佛洛伊德否認他經驗過海洋感覺，但是他在1927年寫的<The Future of an Illusion>中提到他登上了雅典衛城遠眺海洋的經驗。佛洛伊德成長的過程中從未看過海，他形容當時的感覺是一種很強烈的驚訝又歡愉的感受（very remarkable, a feeling of astonishment mingled with joy ......），他疑惑這種經驗的本質到底是什麼？之後的學者解析佛洛伊德當時可能被勾動的是他內在對於母親的畏怯（maternal awe）。

Greenacre談到孩童在一歲半到二歲的發展過程中會慢慢建立穩固的身體自我界線，進行自我和他者的分離，在對母親畏怯的經驗中，總有某種程度的退行，失去自我界線，這種畏怯跟原初的窒息感

確切相關。佛洛伊德則一再提及原初焦慮的來源是呼吸窘迫，在潛水時，初學者一開始要面對的困難就是處理呼吸的問題。吸不到氣、可能會窒息的焦慮勾起的就是潛抑在潛意識裡的出生創傷（birth trauma），出生時與母親分離的痛苦。這些感覺是似曾相識的一種uncanny，uncanny這個詞非常難翻譯，佛洛伊德1919年<The Uncanny>這篇文章的一開始就用了好幾頁的各種語言試著解釋，uncanny的德文是Unheimliche，德文heimliche這個字的原意是「熟悉的」，也就是home的意思，所以Unheimliche就是「不是家的」、「不熟悉的」，但這又怎麼會演變成令人害怕的意思？可以理解的是這種令人害怕的感覺，其實並不是一種新的感覺，它曾經是home，因為潛抑的作用，變得陌生，所以是曾經有的感覺，被潛抑遺忘之後又重新浮現，也就是說uncanny是曾經經驗過的某種驚恐害怕的感覺，潛抑了一段時間後又從潛意識浮上來，可以說潛水時對於窒息的恐懼就是一種uncanny。

　　一般而言，潛水可以簡單的分成三大類，第一種是自由潛水，第二種是休閒潛水，第三種是技術潛水。自由潛水就是潛水者，除了面鏡、防寒衣、

蛙鞋再加上鉛塊之外，就沒有其他的裝備，也就是吸一口氣後就往下潛，電影「碧海藍天」中的就是自由潛水。一般所說的潛水大多是指水肺潛水，穿著全套的潛水裝備，包括浮力控制背心（buoyancy control device）、呼吸調節器、潛水儀表、空氣氣瓶等讓人可以在海中停留一段時間的潛水。休閒潛水的深度一般是在海平面下十八米之內，最深也很少會超過三十米，當潛得越深時能夠停留在海中的時間就越短，一般休閒潛水一次大約會在海中停留一小時左右。技術潛水則是在海平面下更深的深度潛水、沈船潛水以及洞穴潛水等較特殊的專業潛水，也需要更專業的裝備。潛水裝備可以看作是對於潛入危險未知海洋的防衛，讓潛水員可以跟大海

圖：沈船潛水

對抗，Jennifer Hunt在〈Diving the wreck〉這篇文章
提到有些潛水員會過度裝備，過度裝備就像在跟大
海作戰時，擁有更強大的盾甲武器。

　　潛水裝備的儀表重要的功能是提醒潛水員注意
自己的潛水深度以及氣瓶還剩下多少空氣，適時的
浮上海面。在海洋感覺的狀態，會暫時進入失去自
我跟母親融合，這時也會暫時失去對外在現實的感
知，潛水儀表代表的是外在現實，像是提醒潛水員，
除了我跟海洋之外還有第三者，提醒潛水員他是有
限制的。不識水性的人以為跳下海會沉入海中淹
死，事實上潛水初學者遇到的困難卻是難以從海面
下潛進入海中，所以潛水員必須帶著與體重相符的
鉛塊，下潛時把浮力背心（BCD）裡的空氣洩掉，
藉由重力潛入海中，開始下潛的過程中，身體會承
受大於一個大氣壓的壓力，漸漸的會感受到身體內
外壓力的不平衡，這時耳朵會很痛，也可以說下潛
時的第一個感覺就是被攻擊，潛水員要用一些技巧
打開耳咽管讓耳膜內外壓力一致，潛水的過程中海
水也可能會滲入面鏡內，這時就需要做面鏡排水，
當面鏡進水時，一方面會視線模糊甚至無法張開眼
睛，鼻子也可能進水，會有一種好像不能呼吸的錯
覺，可能會因而驚慌失措，這些過程都像是在我們

跟海洋連結時，會逐漸進入一種跟海洋之間界線模糊的狀態，滲入的水太多無法控制，會陷入被海洋吞噬自我消失的心理狀態，當潛水員可以熟練自在的操作面鏡排水時，像是有能力去界定自己跟海洋母親之間的界線，得以維持穩定的自我感。

潛水時可能還會喚醒其他在潛意識中沉睡的感覺，舉例來說，看到大白鯊張開血盆大口在潛水員後面的畫面，很容易想到的就是潛水員要被吃掉了，要被咬斷一隻腿或是一隻手，這可能跟童年時期的閹割焦慮有關；看到沈船潛水的畫面讓人想到的有鐵達尼號、尋寶、迷路等，電影「碧海藍天」中就有一段Enzo進入沈船潛水救人的劇情，當潛入沈船裡時，是進入一個空間，在那個空間中是很可能會迷路，困在其中出不來的，引述Uncanny中的一段敘述：

「The idea of being buried alive by mistake is the most uncanny thing of all......this terrifying phantasy is only a transformation of another phantasy which had originally nothing terrifying about it at all, but was qualified by a certain lasciviousness—the phantasy, I mean, of intra-uterine existence.」

「看起來像死人卻又被當成活人埋掉，是最讓人害怕不過的了……而這種恐怖的幻想其實是另一類幻想的變形，這類幻想不但一點也不可怕，反倒是充滿了感官的快感，此處我指的是在子宮內生存（intra-uterine existence）的幻想。」

　　沈船潛水有一可能是重溫了在子宮內生存的潛意識幻想。從事技術潛水的專業潛水員把潛入海平面下80米的沉船Andrea Doria當作一種技術門檻的挑戰，當他們成功浮出水面時會戲稱：「我不再是處女了！」把這趟難度很高的潛水比喻為性交，這是潛水員「登大人」的成年禮。看到洞穴潛水的畫面會想到前陣子的新聞，泰國在洞穴中受困的少年，洞穴看起來也像是陰道，同樣引述Uncanny中的一段：

It often happens that neurotic men declare that they feel there is something uncanny about the female genital organs. This unheimlich place, however, is the entrance to the former Heim [home] of all human beings, to the place where each one of us lived once upon a time and in the beginning.

「精神官能症的男性聲稱，女性外生殖器既神秘又可怕。這個令人害怕的（unheimlich）地方，正是所有人的家（heim）的入口，人人最初都曾經在那裏待過。」

圖：洞穴潛水

　　很有意思的是，在泰國受困的少年們並不是去潛水，新聞報導提到他們是在進行一個成年儀式，少年進去洞穴探險，出來之後就是男人了，就像是進入母親的子宮重生一次，這也呼應了前面提到的Andrea Doria沈船潛水，出來的時候就不再是處女了，進去再出來，回到家，回到母親的子宮再重生、再分離一次。在這裡可以再多了解「子宮幻想」（womb-phantasy），「子宮幻想」很容易被誤解為對母親的依附，渴望回到母親子宮內與母親融合或

是與母親性交的潛意識願望，其實「子宮幻想」是源自於對父親的依附，是回到母親的子宮，跟父親性交的潛意識幻想，所以「子宮幻想」的心智狀態是處在跟母親一樣的女性角色。另一個是「重生幻想」（rebirth phantasy），則是用比較婉轉優雅的替代方式指涉對於母親的亂倫幻想，這裡的心智狀態是處在跟父親一樣的男性角色，也可以說「子宮幻想」與「重生幻想」的差別取決於主觀的狀態是男性或是女性的心理位置，當看到同樣的外顯行為時，內在的心理狀態卻可能是截然不同的，這也是精神分析的迷人之處。

　　有一說，我們一般常見的電影「碧海藍天」都是法國版的，而當年這部電影在美國上映時，除了重新配樂之外，結局也跟法國版不同，法國版的結局停在Mayol潛入深海向海豚游去，接下來就留給觀眾想像，而美國版的據說接下來的劇情是海豚啾一下的就把Mayol帶回水面，從「子宮幻想」與「重生幻想」的角度思考這二種結局，法國版的就像是停留在「子宮幻想」，不太確定之後到底會留在海裡還是浮上海面，就是未知，是處在女性或是尚未分化的心理位置，而在電影中常呈現英雄主義的美國版則是結束在「重生幻想」，是處在男性的的心理

位置，的確很符合我們對這二個國家文化的粗淺印象。

　　有些非常有經驗的潛水員卻對夜潛卻步，夜潛或是深潛時，是沒有光線的，夜潛又勾起了怎樣的感受呢？佛洛伊德探討嬰幼兒焦慮時提到沉默、孤獨、黑暗，這些讓嬰兒產生焦慮的元素，多數人從未得到倖免，嬰孩會依賴照顧他們的人，而在黑暗中，他看不到所愛之人，他舉了一個有趣的例子，一個三歲的小男孩在黑暗的房間裡對阿姨說：「這裡好黑，我很害怕，阿姨你跟我說說話！」阿姨回應：「這有什麼用？就算我說話，你還是看不見我。」小男孩回答：「當有人說話時，就有光亮！」當感知到有一個我們愛的人在身邊時，可以減輕焦慮。而夜潛時，不但看不見身邊的人，在水中我們也無法說話，沉默、孤獨、黑暗，完全吻合嬰幼兒焦慮的元素。

　　潛水的安全守則之一就是潛水時至少要有一個伴潛，因為不論再有經驗的潛水員，都不知道在海中會有什麼突發狀況，或是潛水裝備會不會臨時出問題。二個潛伴之間並不是很緊密的黏在一起，而是維持在如前面所說的可以感知到有一個人在身邊

時的距離，在某些緊急狀況下，當其中一人的空氣不夠使用或裝備故障時，兩個人就要用共生呼吸的方式共用一個氣瓶，再慢慢安全地浮上水面。

在分析治療時，治療師也像是個案的伴潛，當個案在治療中可以自由聯想時，治療師只需要保持心智中看得見的距離在他身邊（being），不需要刻意說什麼或做什麼（doing），這時治療師的介入反而可能會成為一種干擾，但是在某些狀況，例如當個案面臨難以承受的焦慮時，治療師就要接近個案，試著做一些介入，也許是讓他可以停留在這個深度繼續思考，抑或是慢慢安全地回到可承受的焦慮狀態。潛水跟登高山時身體都要調適大氣壓力的變化，登高山是在上山時要慢慢適應高海拔避免高山症，而潛水則是在要離開的時候，要慢慢適應避免潛水夫病，除了慢慢上升，浮出水面前還要在水深五米處停留三分鐘，這就是所謂的安全停留，如果突然暴衝浮出水面，因為體內壓力的急遽變化，可能在血液中會出現小氣泡，身體器官因為空氣栓塞可能會有致命危險，這個回到海面的過程，就像發展中與母親的分離，需要緩慢溫和的進行才不會造成創傷。

　　在運動過程中重新感受到的是語言發展之前
（preverbal）的經驗，而這樣的經驗是很難精確地
用語言來描述的，如果說運動也是通往潛意識的康
莊大道，身體是在還沒有發展出語言的階段的潛意
識記憶載體，分析的工作是嘗試讓那些無法言說只
能重複行動化的內在經驗得以用語言表達，這次所
談的「運動與精神分析」這個主題，也是嘗試要去
談那個沒有辦法言說的經驗。海洋深處還有更深更
黑的未知，海洋感覺到底是多麼神祕的經驗呢？而
潛意識更深更黑之處還有些什麼？

　　分析師們對於心智神祕面向企圖建構理論，也
可說是很認真的看待海洋面向的概念，學者們用一
些詞語來說明這更深層的潛意識，例如Bion所說的
「O」，Lacan所說的「Real」，其他包括unborn core
of creation，deautomatization，cosmic narcissism。
Bion闡述「O」是一種未知的，沒有辦法得知的、
沒有辦法思考的、也沒有辦法描述的。把演講整理
為這篇文章的同時，巧合地聽到蔣勳老師講述莊子
逍遙遊，他說原文中：「不知其幾千里也」的這個
「不知」，跟儒家強調「知道」的基本態度是很不
一樣的，因為未知所以對世界充滿好奇，而探索未
知也是科學發展與創造的泉源。莊子的「不知」跟

Bion所說的「O」似乎呼應著某種共通的東西，潛水在探索未知的海洋、精神分析在探索未知的潛意識，談潛水與精神分析對筆者而言也是嘗試探索這二者之間的未知，這個過程也像是在治療室裡的工作，當好像看清楚知道什麼的同時，卻發現有更多的疑問與未知，看看潛水壓力表，剩50Bar了，即使還有深不可測的未知與不知，我們該上岸了。

參考文獻

David James Fisher（1976）. Sigmund Freud and Romain Rolland: The Terrestrial Animal and His Great Oceanic Friend. American Imago, 33(1)：1-59

Efrat Tseëlon（1995）.The Little Mermaid: An Icon Of Woman 's Condition In Patriarchy, And The Human Condition Of Castration. International Journal of Psycho-Analysis, 76:1017-1030

Freud, S.（1930）. Civilization and its Discontents. The Standard Edition of the Complete Psychological Works of Sigmund Freud, Volume XXI（1927-1931）：The Future of an Illusion, Civilization and its Discontents, and Other Works, 57-146

Freud, S.（1927）. The Future of an Illusion. The Standard Edition of the Complete Psychological Works of Sigmund Freud, Volume XXI（1927-1931）：The Future of an Illusion, Civilization and its Discontents, and Other Works, 1-56

Freud, S.（1919）. The 'Uncanny'. The Standard Edition of the Complete Psychological Works of Sigmund Freud, Volume XVII（1917-

1919）：An Infantile Neurosis and Other Works, 217-256

Irving B. Harrison.（1979）.—On Freud's View of the Infant-Mother Relationship and of the Oceanic FeelingSome Subjective Influences. Journal of the American Psychoanalytic Association, 27：399-421

Irving B.Harrison.（1975）. On the Maternal Origins of Awe.Psychoanalytic Study of the Child, 30:181-195

Jennifer C. Hunt（1996）. Diving The Wreck: Risk And Injury In Sport Scuba Diving. Psychoanalytic Quarterly, 65:591-622

Jussi Antti Saarinen（2012）. The Oceanic State: A Conceptual Elucidation in Terms of Modal Contact. International Journal of Psycho-Analysis, 93（4）：939-961

Marcus Free（2008）. Psychoanalytic Perspectives on Sport: A Critical Review.International Journal of Applied Psychoanalytic Studies, 5（4）：273-296

Philip Weissman（1966）. The Counterphobic State and its Objects. International Journal of Psycho-Analysis, 47:486-491

P. Lionel Goitein（1927）. "The Lady from the Sea": A Fresh Approach to an Analysis of Ibsen's Drama.Psychoanalytic Review, 14（4）：375-419

Robert W. Meyers（2001）. The Little Mermaid: Hans Christian Andersen's Feminine Identification. Journal of Applied Psychoanalytic Studies, 3（2）：149-159

Stanley Schneider, Joseph H. Berke（2008）. The Oceanic Feeling, Mysticism and Kabbalah: Freud's Historical Roots Psychoanalytic Review, 95（1）：131-156

運動與精神分析
舞動在山海間的懸念

作　　　者｜盧志彬／單瑜／黃世明／崔秀倩
執 行 編 輯｜游雅玲
校　　　稿｜葉翠香
封 面 設 計｜楊啓巽
版 面 設 計｜荷米斯廣告設計有限公司
印　　　刷｜侑旅印刷事業股份有限公司

出　　版｜Utopie 無境文化事業股份有限公司
地　　址｜802高雄市苓雅區中正一路120號7樓之1
電　　話｜07-3987336
E-mail｜edition.utopie@gmail.com

───────── 精神分析系列 ─────────
【在場】精神分析叢書　　策劃｜楊明敏
【思想起】潛意識叢書　　策劃｜蔡榮裕
【生活】應用精神分析叢書　策劃｜李俊毅

初　　版｜2020年06月
ＩＳＢＮ｜978-986-98242-5-5
定　　價｜320元

國家圖書館出版品預行編目（CIP）資料

舞動在山海間的懸念：運動與精神分析 / 盧志彬等作.
-- 一版. -- 高雄市：無境文化，2020.06 面 ；公分. -- （（生活）應用精神分析叢書；6）
ISBN 978-986-98242-5-5（平裝）1.精神分析 2.運動心理　175.7　109007367